어느
교실의
멜랑콜리아

어느 교실의 멜랑콜리아

흔들리는 어린 삶에
곁이 되어 줄 수 있을까.

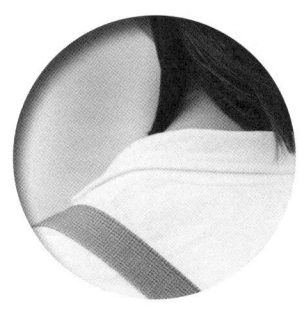

박상아
지음

북트리거

프롤로그

열 사람의 한 걸음을 바라며

　6학년 담임이었던 어느 해, 현장체험학습 계획을 세우는 중이었다. 쾌청한 가을날의 목적지는 전국의 초중고 학생들이 다 모인다는 에버랜드. 일찌감치 준비해 둔 전세 버스 예약을 확인한 후 스쿨뱅킹 가정통신문을 내보낼 차례였다. 현장학습의 운영 비용은 수익자 부담으로 진행되기에 필요한 경비를 모두 더한 뒤 6학년 전체 학생 수로 나누어 청구한다. 어린이 단체 자유 이용권, 만 원가량의 점심 식사 쿠폰, 교통비, 여행자 보험까지 모두 계산했더니 1인당 약 6만 원 정도의 비용이 필요했다. 예상했던 것보다 높았다.
　우리 아이들이 모두 부담할 수 있을까. 5년을 근무하면서 보고 느꼈던 현실들이 무거운 돌덩이처럼 마음속에 자리잡았다. 먹구름처럼 번지는 감정을 꾹 누르고 생각했다. 지나친 오지랖이다.

아주 냉정히 말하면, 현장체험학습을 못 가는 아이가 있어도 내가 상관할 바가 아니었다.

　며칠 후 점심시간이었다. 별안간 학년부장님께서 연구실로 교사들을 호출했다. 연구실 중앙의 기다란 유리 탁자 위에는 엑셀 형식으로 출력된 6학년 아이들의 명단이 줄줄이 놓여 있었다. 어떤 상황에서도 늘 의연하고 침착한 모습을 보여 주던 우리 부장님은, 그답지 않게 잠깐 뜸을 들이더니 입을 열었다.

　"그, 이번에 에버랜드 가는 거요. 학교에서 체험학습비를 한 반에 한 명씩은 지원해 줄 수 있다고 하네요. 담임선생님들이 보시고 한 명씩 추천해 주세요."

　어렵사리 입을 뗀 부장님의 표정은 난처함으로 가득 차 있었다. 그도 그럴 것이 엑셀 명부에는 네 명 중 한 명꼴로 생각보다 많은 수의 아이 이름 옆에 '차상위 계층' 또는 '기초생활수급 대상자'라고 적혀 있었다. 난생처음 들어 보는 어떤 분야의 급여 대상자도 간간이 눈에 띄었다. 이 중에서 딱 한 명을 골라내는 것이 나에게 주어진 임무였다. 나이스(NEIS, 교육행정정보시스템)에 학부모 성명조차 올리지 않는 시대에 나는 우리 반에서 가장 지원이 필요한 아이를 추측해야 했다. 잔인한 일이었다. 내가 누구를 선택하는지에 따라 어떤 가정은 마음에서 무게 추를 덜어 낼 수도 있는 것이었다. '직장인' 교사로서 팽팽히 유지하고 있던 이성의 끈이 흔들렸다. 오지랖을 부리기엔 멀고, 무시해 버리기엔 가까운 거리가 아이들과 나의 간격이었다. 그 거리는 참으로 미묘했다.

누가 더 어려운 상황에서 사는지 판단하는 데 명확한 기준이 있을 리 만무했다. 부끄러운 판단이지만, 옷을 비교적 깨끗하게 잘 입고 다니던 아이를 제외했다. 성격이 밝고 유쾌한 편인 아이도 제외했다. 입는 옷이 잘 바뀌지 않았던, 표정이 어둡고 왠지 침울한 분위기를 풍기던 아이에게 도움이 더 필요하지 않을까, 자기최면을 걸었다.

"부장님, 저는 이 친구로 할게요."

손가락으로 한 명의 이름을 짚었다. 겉모습이 괜찮아 보인다는 이유로 포기한 아이들에 대한 미안함과 누가 더 형편이 어려울지 비교하는 우스운 행동에 대한 죄책감은 오롯이 내가 짊어져야 할 몫이었다.

스물네 살의 나는 학생들에게 가르침을 전하리라는 기대를 안고 교직에 입문했다. 제 몫을 하는 교사가 되고 싶었고, 이왕이면 재미있게 잘 가르치는 교사가 되고 싶었다. 임용 고시를 합격하고 발령을 기다리며 학급 운영 방법이나 교실에서 할 수 있는 흥미로운 놀이, 참신한 수업 아이디어 같은 연수 프로그램들을 주로 찾아 들었다. 하지만 막상 현실로 맞닥뜨린 교실의 모습은 너무나도 달랐다. 내가 준비했던 것들은 선물 상자에 주렁주렁 달린 포장지처럼 있어도 그만, 없어도 그만인 부차적인 것들이었다.

재미있는 학급 운영은커녕, 아무도 없는 집에서 새벽녘에 혼자 잠든 아이를 깨워 등교시켜야 했다. 가정에서 전혀 관심을 받지 못하던 아이가 비행 청소년의 길을 가게 되었을 때, 부모를 대신해 경찰서에서 걸려 온 전화를 받아 해명해야 했다. 아무도 챙겨 줄 사람이 없어 몸에 맞지 않는 작은 옷을 입고 다니던 아이를 위해 나눔 장터를 헤집고 다녀야 했다. 결코 알고 싶지 않았던 아이들의 경제적 어려움과 가정사를 속속들이 마주쳐야 했다. 가정방문도 여러 번, 학부모의 이혼 상담도 여러 번, 공허한 눈빛을 가진 아이들을 교실에 데려오기 위한 시도는 수십, 아니 수백 번. 그것이 내 교직의 첫 시작이었다.

    교실에서 수없이 느껴 온 감정들은 한마디로 정의하기 어려운 것이었다. 어떤 날은 답답했고, 어떤 날은 슬펐으며, 또 어떤 날은 무기력했다. 허무함에 빠지는 날도, 쓸쓸함을 삼켜야 하는 순간도 많았다. 아이들을 마주할 때마다 밀려오는 그 복잡한 감정으로 마음은 마치 비 내리는 흐린 하늘처럼 묵직했다. 이 책의 제목에 쓰인 '멜랑콜리아'라는 말은 그 막막함과 우울함에서 비롯되었다. 아이들과의 하루하루는 낭만이라기보다, 분명한 현실이었다.

    어떤 아이들이 살아가는 세상은 우리 어른들이 살아가는 세상보다 더 가혹하다고 느낀다. 이 땅에 태어난 아이들이 받는 관심과 사랑이 결코 공평하지 않다는 사실을, 나는 받아들일 수밖에 없었다. 누구에게는 태어난 순간부터 당연했던 따뜻한 집과 부모님의 존재, 삼시 세끼 식사와 단정한 옷차림이, 다른 누군가에게는 아무리 간절히 바라도 닿기 어려운 염원이었다. 그리고 이 간절한 바람은 결핍의 흔적으로 남아, 결국 한 아이의 삶에 지울 수 없는 상처가 되곤 했다. 누구 탓도 할 수 없는 이 억울한 현실에 나는 펜을 들 수밖에 없었다.

다른 이의 사정까지 눈여겨보기엔 내 인생 하나 챙기기조차 어려운 시대다. 세상살이가 너무 버거운 나머지 나만 잘 살면 된다는 목소리가 커져 가고, 공기 중에 냉소가 흐른다. 그래서 더욱 간절한 마음으로 이 글을 썼다. 빈곤과 결핍을 노력의 부재로 쉽게 치환해 버리고, 지식과 경험의 부족을 희화화하고, 벼랑 끝까지 내몰린 아이들의 비행을 맹목적으로 악마화하기 전에 그들의 사정을 한 번만이라도 눈여겨 주었으면 하는 마음을 담아, 아이들의 가장 가까운 어른이었던 한 사람으로서 꾹꾹 눌러 썼다.

이 책에 담긴 이야기들은 내가 겪었거나 곁에서 지켜본 교실의 풍경들에서 비롯되었다. 주인공으로 등장하는 아이들의 이름은 모두 가명이며 개인정보가 노출되지 않도록 일부 각색한 내용도 있음을 밝힌다. 민감한 사연들을 최대한 주의해서 다루었으나 부족한 역량 탓에 누군가는 불편하게 느낄 수도 있을 것이다. 너른 마음으로 양해해 주시길 부탁드린다.

이 책이 지금도 우리 곁을 스쳐 지나가고 있을 평범한 아이들의 삶을 함께 들여다보는 출입문이 되어 주길 소망한다. 더불어 그들의 아픔과 결핍을 조금이라도 헤아릴 수 있는 계기를 마련해 준다면 좋겠다.

 "한 사람의 열 걸음보다 열 사람의 한 걸음이 더 크다."라는 격언을 좋아한다. 이 책을 펼친 이들의 작은 공감들이 모여 저마다의 삶을 존중하는 관대하고 다정한 사회를 만드는 데 주춧돌이 되어 준다면 나는 더 바랄 것이 없겠다.

2025년, 여름이 시작되는 길목에서

박상아

프롤로그 열 사람의 한 걸음을 바라며   4

Chapter 1 아이들은 죄가 없다

어느 교실의 토요코 키즈   15
체벌 금지 시대, 그럼에도 살아남은 폭력에 관하여   23
'설령 그러한들' 어른의 몫은 남는다   33
아프지 않은 아이를 왜 병원에 입원시키려 하세요?   42
낮말은 아이들이 듣고, 밤말도 아이들이 듣는다   49
아이의 문제 행동 앞에서 생각해 볼 문제들   56

Chapter 2 교실까지 스며든 빈부의 차이

줌 수업에서 누군가의 방을 들여다볼 권리   69
하리보 젤리를 주머니에 챙겨 가는 아이가 있다   77
주말에 무엇을 했는지 선뜻 질문할 수 없는 이유   89
사진 배경이 하수구인 건에 대하여   99
테슬라, 루이비통, 아이폰을 말하는 아이들도 있다   107

Chapter 3 백 명의 삶, 백 가지 예외 앞에서

계절의 옷차림을 가르쳐야 한다는 슬픔　117
교실에는 경계에 선 아이들이 있다　124
중학교를 보내려면 그 아이의 집안 사정을 알아야 한다　135
교직 인생에서 만난 가장 굳센 남매　144
교실을 배회하는 서툰 마음들　153
그 아이의 세 가지 얼굴에 대하여　164

Chapter 4 아이들과 함께 산다는 것

나눔 장터를 누비게 된 사연　177
씻지 못하는 아이가 생존수영에 참여한다면　188
선생님은 '진짜' 친구가 되어 줄 수 있을까　198
나의 헌 노트북에 기회라는 이름이 붙은 이유는　210

에필로그　모두 다 꽃이야　220

Chapter 1

아이들은 죄가 없다

고작 십여 년을 살았을 뿐인데 세상에 대한 냉소와 불신으로
가득 찬 아이들이 있다. 잔뜩 날이 선 말과 행동, 그릇된
생각의 씨앗은 어디서 날아온 걸까.
댐의 수문을 열면 막대한 양의 물이 한 방향으로 세차게
쏟아지듯, 어떤 삶은 거스를 수 없는 흐름 위에서 시작된다.
이 이야기는 자신의 의지와 상관없이, 태어난 환경에 의해
떠밀리고 내몰렸던 아이들에 대한 단상이다.

어느 교실의 토요코 키즈

'토요코 키즈(トー横キッズ)'라는 말을 들어 본 적이 있는가.

일본에서 2020년대 들어 가장 주목할 만한 사회문제로 꼽힌다는 '토요코 키즈'는 가정환경이 불우하여 가출을 감행한 청소년들을 일컫는 말이다. 도쿄의 유흥가인 신주쿠 가부키초 거리의 '토호(トーホー) 영화관 옆(横, 요코)'에 모여 있는 아이들이라는 뜻에서 유래했다. 이들은 시내의 번화가에서 삼삼오오 짝을 이뤄 노숙하고, 돈을 벌기 위해 각종 범죄에 손을 대기도 한다.

높은 확률로 '쿠로미'나 '마이멜로디' 캐릭터 키링을 가방에 주렁주렁 달고 다닌다는 특징이 있는 이 토요코 키즈를, 대한민국 읍 지역 소재의 초등학교 6학년 교실에서 목격하게 된 것은 어느 해 3월의 일이었다.

그 아이의 이름은 진서. 6학년이라고 절대 생각하지 못할 만큼 진서의 행색은 남달랐는데, 꽃샘추위가 기승을 부리는 3월임에도 속옷이 보일 만큼 짧은 치마를 입고 가부키 스타일의 화장을 하고 있었다. 함박눈처럼 하얀 피부와 길게 뺀 아이라인에, 눈가에는 은하수처럼 영롱한 글리터가 흩뿌려져 있었다. 초등학교라는 공간과 대비를 이루는 진서의 꾸며진 외형이 어색했다. 더 큰 이질감은 진서의 빈손에서 느껴졌다. 학생이라면 모름지기 갖고 다녀야 할 책가방이나 실내화 따위는 찾아볼 수 없었다. 그저 학기 첫날이라고 얼굴을 비추었을 뿐, 그 이상도 이하도 아니라고 얘기하는 것 같았다.

친구 하나 없는 그 아이는 불량한 행색, 습관적인 지각, 시니컬한 태도, 상스러운 언어 습관으로 단단히 무장된 우리 반의 이단아였다. 종이 친 후 느지막이 교실 뒷문을 열고 들어와 수업 내내 잠을 잤고, 화장실이나 보건실을 다녀오겠다고 나간 뒤에 한 시간이 지나야 겨우 돌아왔다. 그래도 애는 애겠거니 싶은 생각에 몇 번의 일탈 때마다 다른 아이들처럼 붙잡고 타이르기도 하고 따로 남겨 혼내기도 했다. 할 수 있는 한 무섭게 엄포를 놓아 보기도 했다. 하지만 진서는 절대로 뚫리지 않는 방패라도 뒤집어쓰고 있는 것처럼 모든 관심을 튕겨 냈다. 학교생활과 또래 관계에 전혀 흥미를 느끼지 못하는 이 아이가 도대체 어디서부터 반(反)의 길을 걸어왔는지 가늠이 되지 않았다. 교사로서의 사명감과 무력감 사이에서 갈팡질팡하던 나는 어느 순간부터 이 아이가 무사히 초등학교 졸업을 하게끔만, 적어도 학교에 붙어 있게끔만 노력하자는 다짐을 했다.

초등학생 정도의 아이들이 방황하는 이유는 대부분 가정에서 충분한 관심과 사랑을 받지 못해서라는 내 나름의 통계가 있었기 때문에, 이런 관심이라도 괜찮다면 최대한 주고 싶었던 것이 그 시절의 내 사명감이었다. 그렇게 나는 방과 후 교과 보충수업을 한다는 명목으로 진서를 붙잡았다. '선생님이랑 수학 문제도 풀고, 이것저것 재미있는 이야기도 하고, 맛있는 간식도 시켜 먹자'는 말이 의외로 통한 것이다. 그런 걸 보면 아직 열세 살이긴 했다.

6월의 어느 날, 점점 더워지는 날씨 탓에 영 집중이 되지 않는 오후 시간이었다. 학교 주변 분식집에서 떡볶이를 배달시켜 먹으며 진서와 잠깐 나누었던 대화가 생각난다. 평소에 진서가 늦게 등교할 때 통화를 했던 보호자가 항상 외할머니였던 것이 궁금하던 차였다. 마침 공부도 잘 안 되겠다, 떡볶이 맛도 좋고, 분위기도 괜찮겠다 좀 쉬어 갈까 싶어 진서에게 가족 이야기를 살짝 꺼냈다.

"진서야. 할머니는 몇 시에 일하러 가셔?"

"할머니요? 새벽 여섯 시?"

"아, 엄청 일찍 나가시는구나. 할머니가 어릴 때부터 키워 주신 거야? 그러면 할머니랑 엄청 친하겠다!"

"아뇨. 예전에는 친했는데 이제 할머니 잔소리 귀찮아요."

"에이, 그래도 다 진서 너 잘되라고 해 주시는 말씀이지. 그런데 진서야, 선생님이 진서 어머니랑도 통화해 보고 싶은데 전화번호 좀 알려 줄 수 있어?"

"엄마요? 엄마는 제 전화도 안 받아요."

진서는 무척이나 불퉁하게 대답했다.

"혹시 모르잖아. 선생님이 통화 한번 해 봐도 되지?"

"네, 뭐…."

그러면서 진서는 학습지 귀퉁이를 뜯어 순순히 전화번호를 적어 줬다. 퉁명스러운 대답과 달리 선생님이라도 꼭 연락을 해 줬으면 좋겠다는 듯한 표정이었다. 그리고 담담한 표정으로 자신의 이야기를 꺼내 놓기 시작했다.

"엄마는 맨날 남자 친구랑 있느라 전화 안 받아요. 우리 엄마는 미혼모라서 저는 아빠 얼굴도 몰라요. 엄마가 고등학생 때 저 낳았는데 원래 없애자고 했대요. 그런데 외할머니가 자기가 키운다고 해서 낳았대요."

나는 내 귀를 의심했다. 물론 사람 사는 세상에서 비일비재하게 일어나는 일이다. 그런데 이 단어들이 정녕 초등학교 6학년의 입에서 담담하게 나올 수 있는 종류였던 것인가. 이 아이는 고작 열세 살이었다. 아무렇지 않다는 듯 말하게 되기까지 이 아이의 마음에 얼마나 억센 굳은살이 쌓였던 것일까. 어떻게 그 순간을 넘어갔는지 잘 기억나지 않는다. 그저 정확한 사정도 모른 채 어쭙잖은 가치판단을 하지 않으려 애썼다. 그때 나는 진서를 위로했을까, 다독였을까, 아니면 '어른답게' 아무렇지 않은 척 태연히 대답했을까. 무엇이든 간에 썩 자연스럽지 못한 반응을 했던 것 같아 괜스레 미안해진다.

    계절이 바뀌어 갔다. 나의 관심으로는 역부족이었는지 진서는 점점 더 학교생활에 흥미를 잃어 갔다. 7월에는 고등학교 2학년 남자 친구가 생겼다고 자랑을 했다. 서울에 산다는 그 남자 친구는 매일 교문 밖에서 진서를 기다렸다. 고등학생이 초등학생과 교제한다는 것 자체를 이해할 수 없었다. 부정적으로 생각하고 싶지 않았지만, 의도가 불순해 보였다. 마음 같아서는 강제로 떼어놓고 싶었다. 하지만, 그럴 명분도 방법도 없었다. 나는 진서의 남자 친구에게 건전하게 만나 줄 것을 진심으로 부탁했다. 여느 성인 못지않게 덩치가 크고 목소리가 걸걸했던 그 고등학생은 교감 선생님과 보건 선생님, 담임인 내가 모여 있는 자리에서 넉살 좋게 웃으며 "에이, 걱정하지 마세요."라고 자신 있게 말했다.

    9월에는 진서가 등교하지 않기 시작했다. 할머니는 진서가 매일 아침 등교 중인 줄 알고 계셨다. 이 아이가 할머니의 손을 떠나고 있다는 것이 느껴졌다. 미인정 결석이 이어지자 나는 어쩔 수 없이 가정방문을 했고, 집 앞에서 담배를 피우고 있는 진서를 봤다. 담배는 어디서 났을까. 또 누가 가르쳐 준 걸까. 안타까운 마음이 들어 가슴이 답답했다. 얘가 진짜 어디까지 가려고, 한껏 소리치고 싶은 마음을 꾹꾹 참았다. 진서와 외할머니의 소박한 보금자리에는 고양이 한 마리가 있었고, 고양이를 품에 꼭 끌어안은 진서와 내일은 꼭 등교하자고 약속했던 기억이 선명하다.

11월에는 어느 학생 조직에 들어갔다며 자신의 서열이 몇 위라는 말을 자랑스럽게 하는 진서에게 도저히 참지 못하고 화를 냈다. 끊길 듯 끊기지 않았던 진서와 나의 관계에도 조금씩 실금이 가기 시작했다. 어째서 비행이 심해져만 가는지, 주변에 이 아이를 집으로 돌려보낼 사람이 정녕 없는 것인지 너무나도 답답했다. 이때까지도 진서 어머니는 내 전화를 단 한 번도 받지 않았다.

12월에는 외박을 시작했다. 그것도 몇몇 가출 청소년들과 모여 저 멀리 강원도에 원룸을 구했단다. 기함할 노릇이었다. 진서는 같이 사는 고등학생 언니와 베이킹을 배우고 카페를 차려서 돈을 벌 것이라고 자랑스럽게 이야기했다. 시간이 좀 더 지나면 강아지 미용도 배울 것이라 말하는 그 눈빛에서 오랜만에 생기가 느껴졌다. 집을 떠나 사는 것이 진서의 숨 쉴 구멍이었을까. 한참 떠들던 진서는 담담하게 한 가지 질문을 했다.

"선생님, 꼭 초등학교 졸업해야 해요?"

다 왔으니 한 달만 더 버텨 보자. '다녀 보자'가 아니라 '버텨 보자'가 내가 할 수 있는 최선의 말이었다. 3일에 한 번꼴로 학교에 얼굴을 비추던 진서는 기특하게도 끝끝내 버텨 냈다.

졸업식에 진서의 가족은 아무도 오지 않았다. 학교에 부탁해 미리 꽃다발을 준비한 것이 담임으로서 나의 마지막 사명감이었고, 진서의 몇 안 되는 주변 어른으로서의 마지막 애정이었다. 그렇게 꽃다발과 졸업장을 품에 안고 집에 돌아가던 진서의 뒷모습이, 졸업식에조차 짧은 치마를 보란 듯이 입고 와 추위로 빨개진 진서의 다리가 아직도 눈에 어른거린다.

우리가 사는 세상이 공평하지 않음을 실감한다. 어떤 아이에게는 당연하다 못해 넘치게 주어지는 것들이 누군가에게는 철저하게 부재한다. 최소한의 관심과 사랑, 마음 편히 돌아갈 수 있는 장소, 진심으로 품어 줄 어른의 존재가 그렇다. 이 땅에 태어난 아이들이 무럭무럭 클 수 있는 잠재력을 품은 귀한 씨앗이라면, 진서에게는 햇빛도 물도 그 무엇도 충분하게 주어지지 않았다.

어려운 가정환경 속에 자란 사람이 전부 진서처럼 지내지는 않는다고 지적한다면, 나는 할 말이 없다. 하지만 감히 확신할 수 있는 건 삶의 시작 단계부터 어려움을 겪는 아이들이 어린 날의 상처를 극복하기란 결단코 쉽지 않다는 것, 최소한의 보호조차 받지 못하고 불행한 길로 빠질 가능성이 매우 크다는 것뿐이다. 거센 비가 내릴 때 우산을 펴지 않으면 옷이 전부 젖게 되는 것처럼 당연하고 자연스러운 일일지도 모른다.

오랜만에 진서와 일 년 동안 주고받았던 문자메시지를 찾아보았다. 백 통 가까이 쌓인 메시지 대부분은 돌아오는 답장조차 없는 나의 일방적 연락이었다.

'진서야, 월요일에는 꼭 늦지 말고 학교에 와.'

'진서야, 밥 떠 놨어. 열두 시까지는 와서 밥 먹어.'

'등교하면 바로 체육관으로 가.'

'진서야, 얼른 와서 너 졸업 사진 골라.'

'김진서, 너 진짜 이러기야?'

설득과 분노, 애증이 뒤섞인 문자메시지를 보며 이제야 깨닫는다. 어떻게든 진서가 교실로 돌아오게끔 만들고 싶었던 나의 노력은 실패했음을. 본질적인 사랑이 채워지지 않았던 진서의 마음을 되돌리는 일은 욕심이었음을. 일개 교사의 관심과 애씀은 생각보다 큰 영향을 주지 못한다는 사실을. 그 한계를 마주하고 나니 서글퍼진다. 누가 이 아이를 집으로 돌려보낼 수 있었을까. 어떻게 하면 좀 더 따스하게 보듬어 줄 수 있었을까. 현실과 동떨어졌다는 사실도 모르고 '모든 아이들은 사랑받아 마땅하다.'라는 명제를 되뇌었던 순간들이 부끄러워지는 밤이다.

체벌 금지 시대, 그럼에도 살아남은 폭력에 관하여

"어휴, 예전에 비하면 때리는 애들 많이 줄었어요."

나이 지긋한 선배 선생님들께서는 교내 체벌이 금지된 이후로 아이들의 폭력성이 확연히 줄어들었다고 얘기하신다. 이것은 악의를 갖고 친구를 괴롭히는 학교 폭력과는 별개의 이야기다. 일상생활 속에서 친구와 놀 때 발로 차거나, 머리를 툭툭 치거나, 몸을 깔고 뭉개는 등 거칠게 장난치는 일이 줄어들었다는 뜻이다.

체벌 금지 시대에 교직에 입문한 나는 그 전의 아이들이 어떤 모습이었는지 모른다. 하지만, 체벌이 허용되었던 나의 학창 시절을 떠올리면 '누가 누구를 두들겨 팼다'든가 '누가 누구의 뺨을 때렸다' 같은 문장이 꽤 자주 귓가를 맴돌았던 것으로 기억한다. 그것에 비한다면, 확실히 요즘 교실에서는 일상화된 폭력의 모습을 찾아보기 어렵다.

그런데 이렇게 폭력의 빈도와 정도가 한층 잠재워진 시대임에도 불구하고, 난데없는 폭력성을 드러내는 아이들이 있다. 의학적으로 분노 조절이 어려운 경우가 아님에도, 지극히 평범해 보이는 아이가 드러내는 폭력성은 대체 어디서 생겨난 것일까. 나는 항상 그 출처가 궁금했다.

"선생님, 김태성이 자꾸 저 발로 차요."

"선생님, 태성이가 쉬는 시간에 제 모자 확 잡아당겨서 넘어졌어요."

"선생님, 태성이가 화장실 앞에서 옆 반 찬서한테 욕했어요."

의문의 시작은 하루에도 열두 번씩 들려오는 민원의 주인공이자, 우리 반의 요주의 인물 태성이었다. 그해 6학년은 학교에서 가장 평온한 학년이라는 평이 있을 만큼 순하고 예쁜 아이들이 많았다. 매사 긍정적이었고, 서로 존중하고 배려하는 말과 행동이 습관처럼 몸에 배어 있었다. 천진난만하고 애교스러운 모습까지 더해져 정말이지 예뻐하지 않을 수가 없는 아이들이었다. 평화로운 분위기 속에 눈살이 찌푸려지는 욕이나 폭력 따위는 감히 끼어들 새가 없었다.

태성이는 그중에서 가장 별난 존재였다. 구부러진 쑥도 삼밭에 나면 꼿꼿해진다는 옛말이 무색하게도, 태성이는 그렇게 따뜻하고 안정된 분위기 속에서도 늘 구부러진 쑥을 자처했다. 상스러운 욕과 듣기 싫은 유행어를 입에 달고 살았고, 장난의 가면을 쓴 폭력을 이용해 친구들을 괴롭히며 우위에 서려고 안간힘을 썼다. 그래도 착하고 순한 성격의 친구들은 태성이의 좋은 점을 보려고 무척 노력해 주었다. 하지만 습관화된 폭력은 멈출 기미를 보이기는커녕 가속도가 붙어 버린 기차처럼 주체할 수 없이 거세지고 있었다.

"태성아, 친구를 힘으로 누르면 안 된다고 했잖아. 왜 자꾸 똑같은 행동을 반복하니?"

"그냥 했어요."

"뭐?"

"죄송해요."

사건이 터질 때마다, 태성이는 미동 없는 표정으로 내 눈치를 살피다 형식적으로 '죄송합니다.'라는 말을 내뱉곤 했다. 일상적으로 일어나는 일이었다. 하지만 주변 사람들이 이해해 주고 용서하는 것에도 한계가 있었다. 간당간당하게 선을 넘나들던 태성이의 폭력적인 행동은 결국 정도를 지나쳐 버렸다. 쉬는 시간에 '그냥 짜증난다'는 말도 안 되는 이유로 다른 남학생을 주먹으로 때린 것이다. 친구에게 분풀이성 폭력이라니, 절대 해서는 안 될 일이었다.

태성이의 눈물을 쏙 뺄 만큼 호되게 혼내고, 방과 후에 남아 성찰일지를 쓰도록 했다. 본인이 무엇을 잘못했는지, 어떤 방식으로 친구에게 사과했는지, 앞으로 어떻게 행동을 개선할 것인지 적는 일종의 반성문이었다. 성찰일지를 쓴 뒤에는 거기에 부모님의 서명을 받아 오라고 했다. 그런데, 늘 자신만만하던 태성이의 표정이 한순간 울상이 되는 것이 아닌가. 안하무인에, 담임인 나에게도 늘 고자세를 취했던 아이가 이렇게 먼저 수그리고 들어오는 것은 처음이었다.

"선생님, 제가 진짜 다음부터 안 그럴 테니까 이거 집에 안 가져가면 안 돼요?"

"너 이번이 벌써 몇 번짼데? 이제 안 돼. 가서 부모님 확인 꼭 받아 와."

"선생님, 제발요."

태성이는 두 손을 비비는 시늉까지 했다.

"안 돼. 지난번에 약속했잖아. 한 번 더 학교에서 친구 때리면 부모님께 반성문 보내겠다고. 이번에는 정말 안 돼."

더는 태성이 때문에 피해를 받는 아이들이 있어서는 안 됐다. 어느 만화영화에 나오는 고양이처럼 세상에서 가장 불쌍한 표정을 지으며 울먹이는 태성이를 무시한 채 집으로 돌려보냈다. 다음 날, 태성이는 아버지의 이름이 정자로 적혀 있는 성찰일지를 내밀었다. 한 글자 한 글자 꾹꾹 눌러쓴 궁서체였다.

"태성이, 어제 부모님이랑 얘기 잘해 봤어? 뭐라고 하셨어? 이제 그런 행동 하지 말라고 하시지?"

"아뇨, 그냥 맞았는데요."

나는 내 귀를 의심했다. 얼굴이 푸석해진 태성이는 한껏 풀이 죽은 모습이었다. '맞았다고? 요즘도 집에서 때리는 경우가 있나?' 놀란 티를 내지 않으려 최대한 태연한 투로 태성이에게 질문을 건넸다.

"맞았다고? 어디를?"

"등이랑, 엉덩이랑…."

태성이는 교탁 모서리에 양손을 짚고 '엎드려뻗쳐' 자세를 흉내 냈다.

"부모님이 너 잘못했을 때 때리시니?"

"네."

"언제부터?"

"그냥 옛날부터 그랬어요."

"뭐로 때리셔?"

"여러 가지 있어요. 긴 막대기도 있고 청소기도 있고."

예상치 못한 대답에 당황스러웠다. 가정에서 아이를 어떻게 훈육하는지 교사가 관여할 영역은 아니지만, 요즘은 체벌을 지양하는 분위기가 아니던가. 게다가 '엎드려뻗쳐'라니. 이것은 '손바닥 맞기'나 '발바닥 맞기' 정도의 체벌을 받았던 90년대생의 나보다 훨씬 더 고전적이고 위협적인 방법이었다. 반성문을 괜히 집으로 보냈나, 태성이의 그림자 진 얼굴을 보니 마음 한구석에 후회가 밀려왔다. 가정의 도움을 받아 이상적인 교육을 해 보려던 나의 계획은 물거품이 되고 말았다.

그 사건 이후, 태성이는 한동안 잠잠했으나 평화가 오래가진 못했다. 2주를 채 넘기지 못하고 다시 예전처럼 아슬아슬하게 선을 넘나드는 폭력을 반복하기 시작했고, 이제는 반항심도 생겼는지 수위는 거세져만 갔다.

그렇게 위태롭던 어느 여름날, 결국 큰 사건이 터지고 말았다. 뒤에서 자신의 험담을 하고 다녔다는 이유로 태성이가 옆 반의 찬서를 화장실로 데려가 문을 잠근 뒤 욕을 하고 때렸다는 것이다. 밖으로 나가지 못하게 위압적인 분위기를 조성하고, 등과 팔뚝을 수차례 때린 것은 명백한 학교 폭력이었다. 결국 우려했던 일이 일어나고 만 것이다.

찬서의 어머니는 태성이를 학교 폭력으로 신고하겠다고 강경하게 대응했다. 태성이의 잘못이 너무나 분명했으므로 지극히 타당한 일이었다. 그런데 찬서가 평소에 영어 학원을 같이 다니기도 했던 태성이와 아예 척을 지긴 싫었는지 자기 어머니를 설득한 모양이었다. 며칠 뒤 찬서 어머니는 학교 폭력 신고를 하지 않겠다는 말과 함께 한 가지 제안을 해왔다.

"태성이랑 태성이 부모님이 찬서에게 사과할 수 있도록 자리 만들어 주실 수 있을까요? 다시는 우리 찬서 괴롭히지 않겠다고 직접 약속해 주시면 신고 안 하고 끝내고 싶어요."

소식을 들은 태성이 부모님은 일을 이 정도로 마무리해 주셔서 정말 감사하다며, 태성이 아버지가 직접 학교로 찾아와서 사과하겠다고 전해 왔다. 그것이 계기였다. 아버지가 학교에 오기로 한 이후부터 태성이는 전에 볼 수 없었던 침울한 표정으로 학교생활을 하기 시작했다. 쌩쌩하던 얼굴에 핏기가 하나도 없었다. 발표도, 모둠 활동 참여도 제대로 하지 않았다. 옆에서 친구들이 장난을 걸어 와도 묵묵부답이었다. 그 좋아하던 축구도 하지 않으려 했다.

약속된 그날, 처음 본 태성이의 아버지는 멀끔한 인상에 당당한 풍채를 갖고 있었다. 태성이의 큰 키와 서글서글한 외모가 어디에서 왔나 하니 아버지를 빼닮은 것이었다. 태성이 아버지는 아주 정중한 태도로 찬서와 찬서 어머니께 사과했다. 무조건 태성이의 잘못이고 아이를 이렇게 키운 자신의 불찰이라며 다시는 찬서를 괴롭히지 않게끔 하겠다고 여러 차례 강조했다. 청산유수의 아버지가 한 마디 한 마디 덧붙일 때마다 태성이의 고개는 시든 이파리처럼 꺾이고 얼굴은 창백해져 갔다. 찬서 어머니는 마음이 풀린 듯, 자기 아들에게도 친구의 험담을 함부로 하지 않도록 가르치겠다고 약속하며 자리를 떠났다. 그렇게 사건은 잘 마무리되는 것처럼 보였다. 교실로 올라가 서류를 정리하려던 찰나, 태성이 아버지의 호쾌한 목소리가 나를 불러 세웠다.

"아이고, 선생님 죄송해요. 태성이 녀석 때문에 곤란하게 해 드렸네요."

"아, 아닙니다. 오늘 자리를 통해서 태성이도 반성 많이 했을 거예요. 모쪼록 가정에서 잘 부탁드려요."

"얘 반성 안 해요. 이 녀석이 요즘 크면서 덜 맞았더니 점점 집에서도 기어오르고, 선생님 고생 많으십니다."

"네?"

"아닙니다. 제가 집에서 잘 교육할게요."

사람 좋은 웃음을 짓던 태성이 아버지는 고개를 꾸벅 숙이고는 발걸음을 돌렸다. 저 멀리 복도에서 태성이가 벽에 기댄 채 애꿎은 신발코만 바닥에 툭툭 치며 아버지를 기다리고 있었다. 태성이 아버지는 태성이에게 다가가더니 친밀감을 드러내듯 와락, 어깨동무를 했다. 부자지간의 정다운 그 모습에 불안감이 느껴지는 건 왜였을까. 교실에서는 제일 크게 느껴지던 아이가 아버지 품에 있으니 한없이 작아 보였기 때문일까. 왠지 모르게 아버지에게 끌려가는 듯한 태성이의 뒷모습과 위축된 어깨가 잔상처럼 눈에 밟혔다.

그렇게 남은 시간은 별일 없이 흘러갔다. 사건 이후 태성이가 눈에 띄게 과묵해지고 표정이 어두워졌다는 것만 빼면, 담임교사로서는 더할 나위 없이 무탈한 연말이었다.

그로부터 3년쯤 지난 스승의날이었다. 정이 많던 그때의 아이들은 매년 스승의날이 되면 편지와 초코우유를 내게 가지고 오곤 했다. 제법 청소년티가 나는 아이들은 교실에 앉아 쫑알쫑알 그들의 중학교 생활 이야기를 쏟아 냈다. 그러던 중 우연히, 태성이의 이야기가 나왔다.

"선생님, 저희 6학년 때 김태성이 제일 힘드셨죠?"

"태성이? 그러게, 태성이는 요즘 잘 지내니?"

갑자기 민지가 몸을 움츠리는 척을 하더니 비밀스러운 이야기를 하듯 조심스레 속닥거렸다.

"선생님, 걔 사람 때려서 소년원 갔대요."

'결국'이었다. 선생님의 한껏 놀라는 반응을 기대한 아이들에게는 미안하지만, 나는 태성이의 소식이 왠지 그럴 수도 있겠다고 느껴졌다. 평소 같았으면 요동쳤을 마음이 바람 한 점 불지 않는 수면처럼 잔잔했다. 그저 그 서글서글한 얼굴 위로 점차 짙어져 갔던 그림자가 떠올랐을 뿐이다.

학교에서 폭력을 저지른 아이를 비호하고 싶은 마음은 추호도 없다. 태성이의 결말을 함부로 일반화하고 싶지도 않다. 폭력은 어떠한 상황에도 정당화될 수 없는 일이며 이 명제가 결코 변해서는 안 된다. 적어도 나는 아이들에게 그렇게 가르친다. 다만, 태성이가 가진 폭력성의 출처를 추측해 볼 뿐이다.

사람이 타고나길 폭력적일 수 있을까. 혹시 태성이가 보고 자란 어른의 행동이 영향을 미친 것은 아니었을까. 자라면서 경험한 폭력의 기억이 타인을 향한 폭력을 정당화했던 것은 아니었을까. 폭력을 경험하지 않았더라면 좀 더 순탄한 학교생활을 할 수도 있지 않았을까. 이미 기차는 떠나간 마당에 의미 없는 가정을 만들었다 지웠다 하며 태성이를 기억 속에서 정리해 본다.

　더 이상 학교에는 아이들이 보고 자랄 폭력의 모습이 없다고들 말한다. 그러나 폭력은 어른들이 교육자로서, 양육자로서의 책임을 외면한 빈자리에 조용히 뿌리를 내린다. 아이들은 어른의 등을 보고 자란다는 오래된 말은 여전히 유효하다.

'설령 그러한들'
어른의 몫은 남는다

한차례 겨울이 몰고 왔던 추위가 채 가시지 않아 서늘한 바람이 불어오는 3월의 첫날, 곧 소란스러워질 텅 빈 교실에서 뒷문을 빼꼼히 열고 들어올 올해의 아이들을 기다리고 있었다. 이내 한자리에 모인 스물여섯 명의 아이들은 눈치를 보며 수줍게 종알거렸다.

'같은 열세 살인데도 이렇게 다르구나.' 한 명 한 명의 모습을 찬찬히 들여다보면서 고유한 존재감을 느껴 본다. 눈코입의 생김새도, 키와 몸집도, 흘러나오는 분위기와 체취도, 눈빛도 무척 다르다. 같은 해에 태어나 우연히 같은 공간에서 살아갈 뿐, 서로를 대체할 수 없는 특별한 존재들이다.

4월쯤 되면 어색한 분위기 속에 숨겨져 있던 아이들의 '진짜 존재감'이 드러난다. 그 날것의 존재감은 다른 말로 '개성'이라고 할 수 있다. 여러 해 학교생활 속에 쌓인 눈치와 경험으로 대부분 아이들의 개성은 둥글둥글하게 표현된다. 하지만 어떤 아이의 개성은 바다 깊은 곳 성게처럼, 다듬지 않은 자수정 조각처럼 뾰족뾰족한 모습으로도 드러난다. 여기에 누군가 살짝 찔리고 말면 그나마 다행이다. 뾰족함이 막무가내로 표출될 때, 교실은 한순간에 안전함으로부터 멀어지고 가까운 사람들은 상처를 입는다. 이 뾰족함이 교실 안에서 수그러들도록 중재하는 일이 내 역할이었고, 교실 밖에서나 먼 훗날에 해가 되지 않도록 다듬어 주는 일이 가정의 역할이었다. 교사와 가정이 서로에게 긴밀한 조력자가 되어 주어야 했다.

그런데, 누군가는 이 중요한 순간에 '탓'을 해 버리고 만다. 아이의 타고난 성격 탓, 본능적인 기질 탓이라며 뾰족함을 쉽게 정당화해 버린다. 그 '선천적인 기질'에 다른 사람들이 고통스러워함에도 어쩔 수 없다며 손 놓는 시늉을 한다. 우물 안 개구리처럼, 깊고 높은 우물을 장벽처럼 쌓아 두고 그 안에서만 아이를 실컷 헤엄치게 놔둔다. 언젠가 우물 밖으로 나와야 할 아이인데도 말이다.

3학년 은서는 산만한 아이였다. 책상 서랍에는 항상 구겨진 학습지가 뭉텅이로 들어 있었고, 연필이나 풀 따위는 자리 주변에 정신없이 떨어져 있어 물건을 정리하게 하는 일이 늘 첫 번째 숙제였다. 수업 시간에는 부산스럽게 낙서를 하거나, 수업 내용과 관련 없는 딴소리를 해서 친구들에게 피해를 주었다. 은서가 교실에서 보여 주는 어수선한 행동 습관은 학기 초부터 눈에 띄지 않을 수가 없었다. 개선할 타이밍을 놓치면 문제 행동은 점점 심해질 것이고, 학업이나 친구 관계에까지 영향을 미칠 수도 있었다. 하지만 아직 3학년이기에, 조금만 노력하면 충분히 좋은 방향으로 고쳐질 여지도 있었다. 다행히 1학기 상담 주간에 은서 어머니는 전화 상담을 먼저 신청했다.

"선생님, 은서가 좀 산만하죠? 저희 은서가 적응하는 데 시간이 좀 걸려서요. 금방 적응할 테니 잘 지켜봐 주시면 감사하겠습니다."

은서 어머니는 내가 무슨 말을 할 것인지 이미 알고 있다는 듯, 먼저 이야기를 꺼냈다. 우선 가정에서 아이의 문제점을 파악하고 있어서 천만다행이었다. 은서 어머니의 말처럼 적응의 문제일지는 모르겠지만, 나도 은서를 만난 지 얼마 되지 않았으니 함부로 판단하지 말고 일단 지켜보자는 생각을 했다.

하지만 은서는 여름방학이 다가올 때까지 조금도 적응하지 못했다. 물건을 어지러뜨리는 행동은 더 심각해졌고, 수업 시간에 노래를 흥얼거리거나 다른 친구들이 발표할 때 뚱딴지같은 소리를 툭툭 던져서 수업을 방해하기에 이르렀다. 결국, 1학기가 끝나갈 무렵 은서의 어머니를 학교에 직접 부르게 되었다. 처음 본 은서 어머니의 인상은 왠지 무표정하고 의욕이 없어 보였다.

"어머니, 은서가 자기 주변을 정리하는 습관이 아직 안 잡히네요. 요즘은 수업 시간에도 영 집중을 못 하는데, 혹시 제가 모르는 무언가가 있을까요?"

"아니요, 그런 건 아니에요. 집에서도 애 아빠랑 저랑 계속 가르치는데 잘 안되네요."

"고생이 많으세요. 제가 생각하기엔 우선 은서는 정리정돈부터 연습해야 할 것 같아요. 매일 책가방 정리 스스로 할 수 있게 시켜 주시고, 필요 없는 물건은 학교에 못 가져오게 해 주세요. 수업 시간에 한 학습지도 좀 살펴봐 주시고요."

"네, 집에서 저도 잘 챙겨 볼게요."

"학교에서 무슨 일 있었는지 아이와 대화도 많이 해 주세요. 아직 3학년이니까 좀 더 관심 가지고 지켜봐 주시고, 잘한 점도 칭찬 많이 해 주시면 금방 좋아질 거예요."

"알겠습니다, 선생님."

대답하는 은서 어머니의 모습이 왠지 지쳐 보였다.

그렇게 짧은 여름방학이 지나가고 2학기가 찾아왔다. 은서의 행동이 1학기 때보다 조금 나아졌을 것이란 기대는 완벽한 착각이었다. 은서는 전혀 바뀌지 않은 모습이었다. 아니, 오히려 더 심각해졌다. 책상 서랍은 더 이상 물건을 넣을 수 없을 만큼 꽉 차서 종이가 책상 뒤쪽 빈틈으로 빠져나와 있었고, 손에는 항상 어디선가 가져온 가위를 꼭 쥔 채 흥얼거리며 돌아다녔다. 가위처럼 날카로운 물건을 휘두르고 다니기 시작했다는 것은 위험한 징조였다. 아이들도 점점 은서를 피하기 시작했다.

어쩔 수 없었다. 나는 다시 은서 어머니께 학교 방문을 요청했다. 은서 어머니의 얼굴은 1학기 때보다 더 무표정했고, 조금은 고달파 보였다. 거기에 이전에 찾아볼 수 없었던 경계심까지 한 움큼 끼얹어져 있었다.

"어머니, 은서 여름방학 때 혹시 무슨 일이 있었을까요?"

"아니요. 캠핑도 여러 번 다녀오고, 아이랑 시간도 많이 보냈는데…."

"은서 행동이 좀 더 과격해진 것 같아서요. 요즘은 가위를 흔들고 다니는데 이거 진짜 위험해요. 정말 큰일 날 수 있어요."

"네…. 그런데 선생님, 드릴 말씀이 있는데요…."

순간 은서 어머니의 표정이 바뀌더니, 진지한 얼굴로 말하기 시작했다.

"사실, 은서가 제가 낳은 아이가 아니에요. 데려와서 키운 건데, 그래서 그런지 기질이 좀 그런 것 같아요. 애 아빠랑 저는 그냥 평범했거든요. 아무리 가르치려 해도 안 되네요. 어쩔 수 없는 것 같아요."

순간, 은서 어머니의 묘하게 방관적이었던 모습이 떠올랐다. 데려와서 키웠다는 말은 놀랍지 않았다. 지금까지 사랑으로 아이를 기르는 입양 가정의 부모님들도 많이 봐 왔다. 하지만 이건 아이를 배 아파 낳은 것과 입양한 것의 차이가 아니었다. 내가 당황

했던 부분은 바로 '기질'이라는 단어를 내세우는 점이었다. 더욱이 '어쩔 수 없으니 이해해 주세요.'라고 태연하게 양해를 구하는 뉘앙스에 적잖이 놀랐다. 은서 어머니께 갑자기 서운한 감정이 들었다. 은서가 저런 행동을 하는 것은 타고난 기질 탓이고, 우리도 힘드니 더는 말 꺼내지 말라는 신호로 느껴졌기 때문일까. 아이가 좋은 쪽으로 변화할 수 있도록 노력해 봐야겠다는 희망이 폭삭 주저앉았다. 함께 힘을 모아야 할 타이밍에 가정에서 어쩔 수 없다고, 아이의 기질 탓을 해 버리면 정말 나는 아무것도 할 수 있는 게 없었다.

또 이런 경우도 있었다. 윤재라는 아이는 그해 5학년의 가장 말썽꾸러기였다. 친구들을 향한 거칠고 폭력적인 말과 행동은 일상이었고, 수업 시간에는 수업 내용과 관련 없는 말이나 관심을 끌기 위한 듣기 싫은 추임새를 끊임없이 내뱉어 전체적인 분위기를 흐트러뜨리곤 했다. 특히나 같은 반 친구들은 윤재가 대화할 때 사용하는 일본어 말투를 싫어했다. 윤재는 칼이나 전기톱으로 사람을 해치는 잔혹한 일본 애니메이션을 즐겨 봤는데, 그 영향인지 일본어 말투를 사용하며 만화 속 주인공처럼 교실과 복도를 휘젓고 다녔다. 다른 학년에서 '5학년에 그 일본어 하며 돌아다니는 애?' 하면 윤재인지 바로 알 수 있을 정도였다.

시간이 지날수록 문제 행동은 더욱 심해져 갔다. 교실에서의 지도가 통하지 않자 나는 윤재의 어머니께 전화를 걸었다. 한 아이를 좋은 방향으로 변화시키려면 가정에서의 도움도 절실히 필요했다. 윤재 어머니는 이런 얘기를 자주 들었다는 듯 익숙하게 전화를 받았다.

"어머니, 요즘 윤재가 학교에서 무기 같은 걸 만들어서 친구들에게 장난치고 위험한 행동을 많이 해서요."

"아 네, 그런가요? 집에서도 누나랑 종종 그러고 놀아요."

"지난번에는 어디서 나뭇가지를 주워 와서 긴 칼처럼 휘두르고 다니더라고요."

"아, 윤재가 보는 애니메이션이 하나 있는데 그거 따라 하는 걸 거예요."

"어머니도 아세요? 그 애니메이션이 청소년 관람 불가인 것은 알고 계시죠? 사람을 잔인하게 죽이고, 여기저기 피 튀기고 하는 거라 아이가 보면 정서상으로 안 좋을 텐데요, 걱정되네요."

"네, 저도 알아요. 그런데 자기가 보겠다는데 별수 있나요?"

"네? 그래도 집에서 못 보게 해 주셔야 해요."

"아이고, 저도 안 보면 좋지만 제 말은 잘 안 들어요. 선생님이 좀 말씀해 주세요. 남자애라서 그런지 막 싸우고, 전쟁하고 그런 걸 좋아하더라고요. 윤재가 타고나길 성격이 좀 거침없고 옛날로 따지면 골목대장, 사내대장부 같은 편이라, 막 심하지 않으면 이해 좀 해 주세요."

안타깝지만, 윤재 어머니의 도움도 받을 수 없을 것 같았다.

근거 없는 성별 탓과 타고난 성격 탓은 윤재 어머니와 나의 유의미한 소통을 막고 있었다. 태어났을 때부터 그렇다고 한들, 평생 그 기질을 동네방네 떨치며 살도록 놔둘 수는 없는 일이었다. 아마 윤재 어머니도 윤재가 버거웠을 테다. 그 마음을 모르는 것은 아니지만 타고난 성격을 원인으로 돌려 훈육에 대한 부담을 합리화하는 것처럼 느껴지는 것은 어쩔 수 없었다. 어렵게 내민 손을 거절해 버리는 그 여러 가지 탓이 서글펐다.

그렇다면, 윤재는 반 친구들과 담임교사가 1년 동안 감내해야 할 짐이 될 수밖에 없었다. 그 이후는 누가 짊어져야 할지 뻔했다. 그나마 아직 어리기에 부모님이나 선생님의 교육이 통할 가능성이 있는 것이었다. '골든 타임'이 별 게 아니다. 이렇게 중요한 시기가 또 지나가고 있었다.

아이들은 잘못된 행동을 할 수 있다. 하지만 그 행동의 이유를 추측할 때, '원래 그랬다'는 말은 큰 도움이 되지 않는다. 원래 '여린 마음'이라거나 '혼나는 걸 두려워하는 성향'이라거나 '남자애라서 그렇다'거나 '막내라서 그렇다'는 등 아이의 행동에 보호막을 씌우는 말들은 '진짜' 문제를 직시하는 데 걸림돌이 될 수 있다.

아이의 보기 싫은 일탈을 직시하고 바로잡는 것이 결코 쉬운 일은 아니다. 하지만 어른들이 계속 노력한다면, 적어도 아이들은 자신이 했던 행동 중 무엇이 잘못된 건지 깨닫고 고쳐 나갈 소중한 기회를 얻을 수 있지 않을까. 그 아이의 인생 전체로 보면 큰 행운일지도 모른다.

　기질을 완전히 부정하려는 건 아니다. 분명히 다른 사람보다 좀 더 예민하고 어려운 기질의 아이들이 있을 것이다. 그렇다고 한들 그 기질과 성격을 방패막이로 삼고 뒤돌아 버리는 것은 어른으로서 아쉬운 태도다. 꿋꿋이 곁을 지키며 언행을 다듬어 주고 쓴소리도 해 주는 것이 어른의 몫이다. 어른이기에, 힘들고 피곤하다는 이유로 쉽게 돌아서기보다는 아이가 보내는 신호에 조금 더 귀 기울이고 이를 함께 감당할 책임이 있는 것이다.

　아이 탓을 하면 편할 수는 있지만, 근본적인 문제는 결코 해결되지 않는다. 교육은 '탓'보다 '설령 그러한들'에서 시작될 때 진짜 의미를 갖는다. 아이 탓은 정말로, 아무 소용이 없다.

아프지 않은 아이를 왜 병원에 입원시키려 하세요?

"선생님, 희선이가 무릎이 아파 입원해야 할 것 같아요. 2주 전에 학교 계단에서 넘어졌다고 하더라고요."

"2주 전에요?"

"네, 저도 어제 알았어요. 3주는 입원해야 할 것 같다고 하던데…. 희선이 병원비 청구 가능하죠?"

두 다리 멀쩡하게 학교 잘 다니던 희선이가 영문 모를 2주 전의 사고로 입원해야 한다는 소식을 전해 들은 것은 어느 해 9월이었다. 지적장애가 있는 희선이는 일부 수업만 특수학급에서 듣는 통합교육 대상자였는데 심성이 착하고 성실한 아이였다. 친구들이랑 잘 어울리지는 못해도 선생님 말씀을 잘 듣고 학교생활에 늘 열심이라서 나도 애정을 쏟던 아이다.

그런데 담임도 모르는 2주 전의 사고로 무려 전치 3주가 나왔다니, 분명히 계단도 잘 오르내리고 체육 시간에도 열심히 참여하는 걸 봤는데. 도통 이해가 되지 않는 일이었다. 혹시나 하는 마음에 특수학급 선생님께 전화를 걸었다.

희선이 어머니를 오랫동안 지켜봐 오신 선생님은 내 이야기를 듣자마자 고개부터 절레절레 흔들었다.

"아이고, 그 어머니 또 그러세요? 희선이 4학년 때도 여기 아프다, 저기 아프다 하면서 주야장천 입원시켰어요. 아이는 너무 학교에 오고 싶어 하는데 여기 동네 병원이랑 관련 있는 건지, 아니면 무슨 목적이 있으신 건지 하여튼 의심스러워요. 그래도 어쩌겠어요, 선생님. 어차피 우리가 할 수 있는 건 없으니까 그냥 해 달라는 대로 해 주셔요."

그리고 2주 동안 희선이의 다리가 불편해 보인 적은 한 번도 없었다고 덧붙이셨다.

그럴 만도 한 게, 크게 두 건물로 나누어진 학교에서 우리 반은 후관 5층에 있었고 특수학급은 무려 본관 1층에 자리해 있었다. 3주 동안 입원해야 할 만큼 무릎이 아팠으면 끝과 끝에 자리한 두 교실을 절대 쉽게 오고 갈 수 없었을 것이다. 역시나 어떤 '의도'로 아이를 입원시키려 하는 것 같다는 의구심이 들었다.

뒤이어 나는 보건 선생님께 전화를 걸었다. 학교 안전공제회에 보험료 청구를 하려면 사고가 난 당일 보건실에서 진료를 받았다는 기록을 확인하고 관련 서류를 제출해야 했다. 희선이는 이래

저래 보건실에 자주 가는 편이어서 보건 선생님도 아이의 상태를 잘 알고 계셨다.

"선생님, 희선이가 9월 5일에 2교시 끝나고 보건실 오긴 했었어요. 그때 무릎이 살짝 까져서 드레싱 했다고 기록되어 있네요. 아이고, 근데 입원할 정도는 절대 아니에요. 그랬으면 제가 바로 집에 연락했죠. 그 어머니도 너무하시네. 저도 의심스럽지만 어쩌겠어요. 괜히 건들지 마시고 보험 신청해 주셔요. 제가 진료 기록 보내 드릴게요."

역시나 이럴 줄 알았다. 이 어머니는 무슨 이유에선지 2주 전에 무릎이 살짝 까진 것을 빌미로 아이를 입원시키려 하고 있었다. 병원과의 '커넥션'인지 보험금 때문인지, 무엇인지 모를 이유로 말이다. 잘 걷던 아이를 하루아침에 환자로 만들어 버리다니, 마음이 언짢았다. 이거야말로 기본권, 그중에서도 교육받을 권리를 침해하는 것이 아닌가.

그러나 어쩌겠는가. 의사가 그렇게 진단을 했고, 법적 보호자가 그렇게 행동한다는데 말이다. 워낙 병치레가 잦은 아이였고, 백번 양보해서 아이가 뒤늦게 아플 수도 있는 거니까. 나는 속으로 찜찜한 마음을 삼키며 최대한 협조하자는 쪽으로 마음을 다잡았다. 그렇게 보건실에서 온 진료 기록을 스캔한 뒤, 청구서를 작성하고 있는데 희선이 어머니한테 다시 전화가 걸려왔다.

"선생님, 저 희선이 엄만데요, 알고 보니 희선이가 그날 넘어지면서 머리도 다쳤었나 봐요. 정밀 검사를 해 봐야 할 것 같아요."

'어머니, 그런데 보건실 기록에는 머리가 아프다고 한 내용이 없어요.' 나는 하고 싶은 말을 꾸역꾸역 삼키고 내일 확인 후 다시 연락을 주겠다고 답했다.

다음 날, 혹시나 하는 마음에 우리 반 아이들에게 희선이가 계단에서 넘어진 것을 본 사람이 있는지 물었다. 목격자가 있으면 사고 전후 상황이나 부상 정도를 더 정확하게 파악할 수 있을 것 같았다. 그러나 아이들로부터 돌아오는 대답은 없었다. 희선이를 종종 특수학급에 데려다주던 마음씨 착한 한 아이는 "희선이 아파요?"라고 오히려 나에게 되물었다. 하루에도 수십 가지 크고 작은 일이 일어나는 이 학교에서 2주 전에 무슨 일이 있었는지 명확히 기억할 수 없는 게 당연했다. 오후가 되어 희선이 어머니에게 전화를 걸었다.

"어머니, 희선이 상태는 좀 어떤가요? 어제 말씀하신 안전공제회 관련해서요, 제가 확인해 보니 무릎 드레싱 한 기록은 있어서 그 내용은 넣었어요. 그런데 희선이가 넘어진 당일에 머리를 부딪쳤다거나 두통과 관련한 내용은 없어서요. 공제회에서 판단하시는 분이 어떻게 생각하실지 저도 확신할 수가 없어서 미리 알려 드려요."

"네? 희선이가 그날 머리 아프다고 보건 선생님이랑 담임선생님께 말했다는데요?"

나는 맹세코 들은 기억이 없었다.

"저는 못 들었어요. 보건실 기록에도 없고요. 아이가 그날 넘어진 것 때문에 머리가 아프다고 하니, 두통이 있다고 적긴 적을 게요. 그런데 혹시나 싶어 말씀드리는 거지만, 심사에 따라서 어머니께서 지출하신 병원비보다 덜 나올 수도 있을 것 같아 이 부분은 미리 알고 계시면 좋을 것 같아요."

"아니, 머리도 학교에서 다친 거라니까요? 지금 우리 희선이가 거짓말을 한다는 건가요?"

아, 오랜만에 들어 보는 '우리 아이가 거짓말~' 레퍼토리였다. 설마설마했는데, 병원비 이야기를 꺼내니 지나치게 발끈하는 모습이었다. 희선이 어머니의 역린을 건드린 모양이었다. 고고하게 유지하던 평정심을 잃고 어머니는 나에게 쏘아붙이기 시작했다. 선생님은 그때 뭘 하고 있었냐는 둥, 왜 이렇게 비협조적으로 대응하냐는 둥. 도대체 내가 무엇을 안 했고, 무엇을 협조하지 않았는지 나도 궁금해서 되묻고 싶을 지경이었다.

"어머니, 제가 도와드리지 않겠다는 게 아니라, 머리를 부딪쳤다거나 두통이 있었다는 기록이 없고 시간도 이미 2주가 지나 버렸으니 공제회에서 어떻게 판단을 할지 모르는 상황이잖아요. 미리 생각하시라고 말씀드린 것뿐이에요. 혹시 모르니까요. 저도 희선이가 얼른 나아 건강한 모습으로 등교하길 바라고 있어요."

그러나 희선이 어머니의 흥분은 가라앉지 않았다. 전화의 목적은 그새 잊었는지 희선이 어머니는 아이를 키우면서 힘들었던 이야기부터 당신께서 몸이 영 안 좋다는 이야기, 먹고살기 어려운데 도와주는 가족이 한 명도 없다는 이야기까지 사적인 에피소드를 쉴 새 없이 털어놓았다. 신세 한탄 퍼레이드를 30분쯤 들었을까, 어르고 달래서야 나는 비로소 전화를 끊을 수 있었다.

그렇게 희선이는 조금 까진 그 무릎을 치료하기 위해 3주간 입원을 했다. 그리고 3주 입원이 끝난 후, 두통과 정밀 검사를 이유로 2주 더 입원했다. 희선이가 평소 학교생활을 원만히 해내던 아이였으면 이렇게 억울하진 않았을 거다. 그 누구보다도 시기에 맞는 적절한 교육과 사람들과의 소통, 사회적 자극이 필요한 아이가 무려 한 달 넘게 결석을 해 버렸다. 중학교에 올라가기 전에 알려 주고 싶은 것들이 너무 많았는데. 어떻게 된 게 부모도 아이도 아닌 내가 제일 아쉬워하는 상황이 아이러니했다.

희선이가 길고 긴 입원 생활을 마치고 등교한 날이었다.

"희선아, 이제 아픈 건 다 나았어?"

"네."

"병원에서 심심하지는 않았어? 뭐 하면서 보냈어?"

"휴대폰 게임이요."

배시시 웃는 희선이에게는 아무 잘못도 없었다.

정말 이럴 때면 눈치 없는 교사가 되고 싶다. '아프지 않은 아이를 왜 병원에 입원시키려고 하세요?'라고 묻고 싶다. 거짓말을 하고, 억지를 부리고, 얼굴을 붉혀 가면서까지 그러는 이유가 도대체 무엇인지 알고 싶다. 학교에 오는 것을 그렇게 좋아했던 희선이가 병원 침대에 누워 휴대폰 게임만 했을 생각을 하면 가슴이 미어진다. 아이는 누군가의 소유물이 아니다. 어떤 이익이나 욕심을 채우기 위한 수단이 되어서도 안 된다.

희선이가 의사 표현이 잘되지 않는 아이여서 더 그랬을까, 쉬는 시간에 희선이가 계단을 잘 올라가고 내려오는지 꼭 붙잡고 확인을 못 해서 더 그랬을까, 학생의 일거수일투족에 책임만 잔뜩 있고 권리는 없는 이 나라의 초등교사여서 더 그랬을까. 다 알면서도 무력하게 아이를 병원으로 보낼 수밖에 없었던 그해만 생각하면 씁쓸해진다.

낮말은 아이들이 듣고, 밤말도 아이들이 듣는다

한번 뱉은 말은 어디로든 날아간다. 그리고 그 말들은, 누군가의 마음속에 고이 담겨 멀고 먼 초등학교 교실까지 흘러들어 오곤 한다. 순수하고, 격의 없고, 어른을 신뢰하는 특성을 가진 보통의 아이들은 종종 그 말뭉치들을 자연스레 꺼낸다. 소곤소곤 혹은 거침없이, 무의식인 듯 혹은 알아주기를 바라는 듯. 듣는 이의 의지와는 상관없이 부지불식간에 흘러들기도 한다. 그리고 이따금, 한껏 억세진 어른들의 마음에 파장을 만들곤 한다.

한산한 읍 동네에 자리한 우리 학교는 전학생을 쉽게 보기 어려운 곳이었다. 무척이나 후텁지근했던 그해 여름날, 느닷없이 우리 학교에 전학을 문의하는 전화가 걸려 왔다. 그것도 세 남매가, 저 멀리 바다 건너 일본에서 말이다.

세 남매는 한국 국적이었다. 부모님의 직장 문제로 일본에서 어린 시절을 보내고 귀국한 모양이었다. 이제부터는 한국에 정착해 살 계획이라고 했다. 세 남매 중 첫째인 6학년 정화가 우리 반에 오게 되었다.

정화의 첫인상은 '앞머리가 저렇게 길면, 앞에 뭐가 있는지 보일까?'라는 질문이 바로 떠오를 정도로 정리되지 않은 머리카락과 반쯤 가려진 눈이 특징적이었다. 머리카락 때문인지 얼굴에는 항상 어두컴컴한 그림자가 어려 있었다. 게다가 정화는 말수가 없어 여간해선 먼저 입을 열지 않았다. 초등학교 6학년 여학생이라면 흥미가 생길 법한 여러 주제를 갖고 와 말을 걸어도 애꿎은 책상만 내려다보는 정화가 새로운 학교에서 잘 적응할 수 있을지 염려스러웠다.

정화는 일본어를 모국어처럼 사용했다. 한국어로 인사나 '밥 먹었어?', '어제 뭐 했어?'처럼 아주 단순한 의사소통은 가능했지만, 한글로 읽고 쓰기는 거의 하지 못했다. 교과서 속 내용을 능숙히 이해하지 못하니, 수업이나 평가가 원활하게 이루어질 리 만무했다. 따로 공부방을 다니거나 학습지를 풀지 않던 정화를 방과 후에 남겨 공부시키기로 했다. 국어는 단시간에 실력을 끌어올리기 어렵겠지만, 수학 문제 풀이는 곧잘 하니 한국 교과서가 눈에 익으면 좀 더 나아질 것이라 기대했다. 정규 수업 시간에 미처 따라가지 못한 익힘책의 문제를 끝까지 풀고 가는 것이 그 당시의 정화와 내가 할 수 있는 최선의 노력이었다.

정화는 처음 걱정했던 것보다는 적응을 잘해 나갔다. 하지만 친구들과의 소통은 한계가 있었고, 교실에서 모둠 활동이나 프로젝트 수업을 할 때마다 담임교사인 나를 주로 의지했다. 정화를 매 시간 덩그러니 혼자 둘 수도 없어 난감했던 기억이 난다.

그러던 어느 오후, 평소처럼 방과 후에 남아 문제를 풀고 있던 정화가 난데없이 말을 건네왔다. 내가 조금 편해진 모양이었다.

"선생님은 어디 살아요?"

"선생님은 여기서 버스 타고 50분 정도 되는 거리에 살아."

정화는 고개를 끄덕였다. 그리고 찾아온 침묵에 나도 정화에게 질문을 건넸다.

"정화야, 일본에 사는 것 좋았어?"

"네."

"일본 어디 살았어?"

"교토요."

"좋았겠네! 이제 한국에서 쭉 사는 거야?"

"네, 집에 땡전 한 푼도 없어서, 일본에서 못 산대요."

정화는 수학 문제를 풀며 태연스레 답했다. 아무렇지 않은 정화의 표정과 달리 내 귀에는 '땡전 한 푼'이라는 말이 세게 박혀 종을 울려 댔다. 열세 살 아이의 입에서, 많고 많은 표현 중에 굳이 '땡전 한 푼'이라니. 한국말이 서툰 이 아이가 스스로 생각해 낸 말일 수가 없었다. 어디선가 흘러들어 마음 한구석에 저장돼 있다가 무의식적으로 튀어나온 말이었다. 그곳이 어디인지는 쉽게 추측할 수 있었다.

비슷한 일들은 여러 번 일어났다. 중학교 진학을 위해 정화가 반드시 가져와야 할 서류들이 있었다. 그런데 주 양육자인 아버지가 알림장 확인도 하지 않았고 기한 내에 서류를 챙겨 보내지도 않았다. 학년 전체가 일괄적으로 제출해야 하는 서류라 마음이 급해졌다.

"정화야, 선생님이 말한 서류, 그 종이 있지? 내일까지는 꼭 가져와야 하는데."

"아, 그거 아빠한테 말했어요. 해 주신대요."

"그래. 근데 정화야, 집에 엄마도 계시지?"

"네."

"이거 엄마가 대신해 주셔도 되거든. 아빠 일 때문에 바쁘시면 한번 말씀드려 볼래?"

"엄마는 게을러 가지고 말해도 소용없대요."

정화의 입에서는 아빠의 언어로 추정되는 단어가 나왔다. 다른 6학년 학생이었으면 엄마를 비난하는 이 표현을 당당히 내뱉는 게 부끄러운 일임을 알고, 순화했을지도 모른다. 그러나 한국말이 서툰 정화는 곧이곧대로 가정의 언어를 교실로 옮겨 왔다. 순진한 눈동자의 정화는 말 한마디가 미치는 파문을 아직 몰랐다. 그 말을 고쳐 주는 일도 난감했다. '게으르다'는 부정적인 표현에 더 가깝다고 알려 준 뒤 서둘러 대화를 끝냈다. 정화에게 서류를 받기까지는 이틀이 더 걸렸다.

아이들은 우리가 생각하는 것보다 더 잘 듣고, 잘 기억한다. 아이와 눈을 맞추고 직접 말한 것이 아닐지라도 어디선가 들려온 말을 똑똑히 기억한다. 더구나 아이들의 마음속에는 아직 촘촘한 거름망이 없어서, 말의 불필요한 찌꺼기들을 걸러 낼 재주가 없다. 의심하지 않고 정답으로 받아들인다. 어리면 어릴수록 더 그렇다. 그래서일까. 어른들의 '그냥 한 말' 내지는 '감정적으로 내뱉은 말'이 어떤 아이들의 평온한 일상을 뒤흔드는 한마디가 되는 걸지도 모른다.

지예는 학기 초에 적는 설문지에 가족에게 가장 바라는 점이 '부모님이 이혼한다고 말하지 않는 것'이라고 적었다. 그리고 가족에게 듣고 싶은 말은 '아빠 엄마는 이혼 안 해'라고 썼다. 보통 아이들이 '사랑해', '잘하고 있어', '여행 갈까?', '오늘 학원 안 가도 돼' 같은 말을 적는 것과 온도 차가 확연했다. 낯빛이 어둡고, 모자를 푹 눌러쓰고 다녔던 지예는 무기력증과 우울증이 심해져 결국 위클래스(Wee class, 교내 상담 프로그램) 심리 상담을 받기도 했다.

모든 가정은 나름의 사정이 있을 테고, 부모도 아이가 듣고 있을 줄 모르고 그런 말들을 했으리라 믿는다. 하지만 스쳐 지나가는 한마디로라도 마음을 할퀴는 말을 아이가 직접 듣게 되었을 때, 상황은 달라진다. 지예가 부모의 사정을 존중하기엔 아직 어렸다. 부지불식간 찾아오는 교통사고처럼, 그 말이 귀에 꽂히는 순간 시작되는 혼란과 불안함을 지예는 짊어져야만 했다.

반복적인 일탈 행동을 보이던 진서는 "엄마가 저 열여덟 살 때 낳았는데, 원래 저 없애자고 했대요. 그런데 외할머니가 자기가 키운다고 해서 낳았대요."라는 말을 스스럼없이 했다. 그러면서 "엄마가 이제 연락하지 말라고 할머니한테 말하는 거 들었어요."라고 덧붙였다. 열세 살 아이가 태연하게 꺼낼 수 있는 종류의 말이 아님에도 불구하고, 눈 하나 깜빡하지 않고 이야기하던 진서의 모습이 아직도 어른거린다. 진서가 지금까지 어떤 말을 들어 왔을까, 그리고 어떤 감정을 삼켜 왔을까. 어떤 말은 아이들에게 날카로운 비수로 꽂혀 가슴에 큰 상처를 남긴다.

준원이는 친구들에게 공격적인 행동을 자주 하던 아이였다. 정서가 불안하고 산만했다. 준원이의 보호자였던 고모는 상담 전화에서 아이의 그런 행동을 변호했다. 원래 편부 가정에서 자라던 준원이는 초등학교 2학년 때 '너 이제 못 키우겠다'는 말을 아빠에게 직접 듣고 난 후 고모 집으로 입양됐다고 했다. 그러면서 준원이가 마음의 상처가 커 사소한 것에도 방어적으로 행동할 수 있으니 너그러운 마음으로 이해해 달라고 부탁했다. 집에서도 노력해 보겠다는 말도 덧붙였다. 다른 아이들과 부딪히지 않게 하는 일은 그리 어렵지 않았다. 다만, 준원이의 마음속 깊이 남은 상처가 걱정되고 안타까울 뿐이었다. 아직도 아물지 않은 게 분명했다. 언제 새살이 돋아날지, 시간이 지나면 치유되는 성격의 것일지 알 수 없는 노릇이었다.

낮말은 새가 듣고, 밤말은 쥐가 듣는다. 한번 내뱉은 말은 단 한 마디라도 주워 담을 수가 없다. 너무나도 당연한 사실이지만, 우리는 아이들도 청자가 될 수 있음을 간과하곤 한다. 아이들은 스펀지처럼 말을 빨아들이고, 거름망이 없이 그 말들을 마음속에 고이 저장한다. 그 말들을 인생의 전부로 받아들이고 힘겨워하기도 한다. 기껏해야 십 년 조금 넘게 인생을 경험한 아이들에게는 어찌 보면 당연한 일이다.

'아이 키우는 일이 얼마나 힘든데', '욱해서 나도 모르게 한 말인데', '아이가 들을 줄 몰랐는데…'. 아이들 앞에서 성인군자가 되자는 말이 아니다. 우리는 그래도 어른이니까, 세월이 쌓아 준 판단력과 맷집이 있으니까, 적어도 아이들이 들어도 되는 말과 아닌 말을 구분할 줄 아니까, 작고 여린 마음들이 다치지 않도록 한 번쯤은 신중해질 수 있지 않을까.

숨만 쉬기에도 복잡한 세상이다. 인생에서 유일하게 마냥 천진난만할 수 있는 시기를 보내는 아이들의 마음에 최소한의 보호막을 쳐 주는 건 생각만큼 어려운 일이 아닐지도 모른다.

아이의 문제 행동 앞에서 생각해 볼 문제들

　학교에서 아이의 잘못을 따끔하게 혼낼 수 있는 시대는 지났다. 친구에게 욕과 폭력을 사용해도, 선생님에게 무례한 행동을 일삼아도, 수업을 방해해도, 단체 생활에서 규칙을 지키지 않아도, 아이가 잘못을 인정하고 행동을 개선할 수 있을 만큼 제대로 가르치기 어려운 세상이다.
　아이의 잘못을 훈계한 대가는 크다. 다른 아이들의 학습권을 보장하고, 안전하고 상식적인 교실을 만들기 위한 수많은 말과 행동은 언제 어디서 날카로운 화살이 되어 돌아올지 모른다. '귀에 걸면 귀걸이, 코에 걸면 코걸이' 식으로 정서적 아동 학대 개념을 남발하며 오로지 내 아이만 생각하는 악의적 민원들, '우리 아이에게 어떠한 상처도 있어서는 안 된다'는 근거 없는 교육관의 확산이 교단에 선 이들을 움츠리게 만든다. 훈계는 긁어 부스럼일 뿐이다.

　아이들이 미숙하고 서툰 것은 구태여 설명하지 않아도 당연한 일이다. 이제 막 두 발을 내디디며 이 세상을 알아가는 과정에서, 처음 경험하는 오색찬란한 감정과 다양한 관계에 적응해야 하는 아이들에게 실수나 어설픈 행동은 필연적이다. 하지만 채찍은 없고 당근만 숱하게 깔린 이 요람 같은 환경 속에서 아이들은 자신의 말과 행동을 어떻게 가꾸어 나갈 수 있을까? 아니, 과연 아이들에게 성장할 기회는 있는 것일까?

　희박한 가능성이지만, 있다. 날카로운 바위가 파도와 시간에 깎여 둥글둥글해지듯 절대 바뀌지 않을 것 같은 상황에서도 끝끝내 변화하는 아이들이 있다. 그 해답은 인정하는 마음, 받아들임에 있었다.

　한 학년에 많아야 두세 반쯤 되는 작은 학교에 근무하다 보면 몇 년 전 담임했던 아이를 또 만나게 될 때가 있다. 준표라는 아이는 3년의 간격을 두고 3학년과 6학년 때 담임을 맡았던 아이다. 처음 3학년 담임은 출산을 앞두고 급하게 휴직을 하게 된 다른 선생님을 대신해 학기 중간부터 맡게 됐었다. 전 담임선생님은 무거운 몸 때문에 손으로 허리를 받치고 준표에 대한 걱정을 한가득 늘어놓았다.

　"선생님, 저희 반에 준표라고 있어요. 영특하긴 한데, 좀 어려워요. 아이도 힘들고, 어머니도 힘들어요."

"네? 어머니는 왜요?"

"되게 방어적이세요. 준표가 교실에서 욕하고, 친구들 괜히 툭툭 쳐서 갈등이 많이 생기거든요. 그럴 때 참다가 참다가 어머니께 말씀드리는데, 절대 준표가 그럴 리 없다고, 다른 아이들이 먼저 시작한 거라면서 받아들이질 않아요."

"그래요?"

"네. 집에서는 형 노릇도 잘하고, 손 하나 안 가는 아이라고 인정을 안 하시네요. 작년 선생님께서도 고쳐 보겠다고 계속 노력하셨다는데 결국엔 뭐, 안 좋았나 봐요."

문제 행동을 하는 아이와 인정하지 않으려는 학부모는 괴롭고 어려운 조합이었다. 나와 반 아이들이 겪게 될 미래가 지난해 보였다.

수업 첫날, 처음 만난 준표는 여느 아이들 못지않게 새로운 선생님이었던 나에게 잘 보이고 싶었는지 무척 모범적으로 행동하려고 노력했다. 수업 시간에 발표도 아주 열심히 하고, 모둠 활동에서 친구들과 협력하는 데도 적극적이었다. 영특한 편이라 단원평가 점수도 우수했다. 그런데 2주일쯤 지났을까, 준표의 그림자가 드러나기 시작했다. 준표는 이 교실의 왕이자, '천상천하 유아독존'이었다.

예를 들면, 쉬는 시간에 친구들과 보드게임을 하던 중에 자신이 질 것 같은 기운이 느껴지면 갑자기 게임판을 죄다 흩뜨려 놓고 도망갔다. 또 자신보다 체구가 작거나 힘이 약하다고 생각하는 친구를 툭툭 발로 치거나 욕을 해 놓고 '내가 한 거 아닌데?' 같은 말로 회피하며 친구들을 교묘하게 괴롭혔다. 게다가 준표의 잘못이 명확한 상황에서 불러다 혼을 내면 절대 인정하지 않고 친구 탓을 했다. 그래도 추궁하면 잔뜩 얼굴이 붉어져 땀을 흘렸고, 주먹을 꽉 쥐고 부들부들 떨며 아무 말도 하지 않고 가만히 선생님을 노려봤다. 준표는 고작 열 살이었다. 약한 아이를 괴롭히고, 자기 분을 못 이겨 난장판을 만들고, 잘못된 행동을 했음에도 선생님께 대드는 그릇된 행동은 하루빨리 고쳐야 했다. 당연히 가정의 협조도 필요했다.

"어머니, 준표가 학교 수업도 잘 듣고, 뭐든지 열심히 하려 해요. 그런데 워낙 승부욕이 강하고, 나름대로 욕심도 있다 보니 친구들과 갈등이 생길 때가 종종 있네요."

"아, 준표가 칭찬받는 걸 좋아해요. 잘하고 싶어서 좀 욕심을 부릴 때가 있죠?"

"준표뿐 아니라 모든 아이들이 칭찬받는 걸 좋아해요. 그런데 준표는 지나치게 자기 위주로만 생각하는 경우가 많다 보니 주변 친구들을 거칠게 대하는 경우가 있어요. 잘하는 것도 중요하지만, 학교에서는 친구들과 양보하며 즐겁게 어울리는 걸 배우는 게 더 중요하다고 집에서도 계속 말씀해 주시는 게 필요할 것 같아요."

"…네? 방금 거칠게 대할 때가 있다고 하셨는데, 준표가 먼저 그런 것이 확실한가요? 준표가 마냥 아이 같지만, 나름대로 생각이 깊어서 이유가 있어야 행동하거든요. 아마 다른 친구들이 먼저 준표를 건드리지 않았을까요? 혹시 다른 아이들에게도 상황을 물어보셨을까요?"

준표의 학교생활을 넌지시 전달한 후 돌아온 대답들은 두꺼운 콘크리트 벽처럼 한 치의 틈도 보이지 않게 꽉 막혀 있었다. 계속되는 나의 '싫은 소리'에 처음엔 호의적이던 준표 어머니의 목소리도 갈수록 묘하게 날이 섰다. 교실에서 상황을 목격한 사람은 나였고, 내가 준표 어머니에게 전화까지 해서 거짓말을 할 이유는 눈곱만큼도 없었다. 하지만 준표가 먼저 시작한 일임을 아무리 말해도, 어머니는 그 원인을 거듭 다른 아이에게서 찾으려 했다.

문제를 받아들이지 않는다면, 준표는 자신이 무엇을 잘못했는지도 모르는 채 제 잘난 맛으로 지낼 게 분명했다. 그러다 어느 순간 주변 친구들은 차츰 사라질 테고, 아무리 잘해도 인정받지 못할 테고, 영문도 모른 채 외로워질 게 뻔했다. 하지만 대화가 더 이상 이어지지 않으니 나도 별수 없었다. 그저 다른 아이들을 최대한 보호하며 무탈하게 한 해를 보내야겠다고 다짐했을 뿐이다.

당연지사 준표의 문제 행동은 계속됐다. 교탁 앞은 준표에 대한 불만을 말하는 아이들로 문전성시를 이뤘다. 아무리 중재하고, 화해하고, 사과하고, 약속해도 준표는 기세등등했다. 그렇게 사건이 터질 듯 말 듯 아슬아슬하게 학년 말로 흘러가던 11월의 어느 날이었다. 준표 어머니에게서 갑작스레 전화가 걸려 왔다. 어머니는 한껏 가라앉은 목소리로 생각지도 못한 질문을 했다.

"선생님, 저희 준표가 그렇게 심각한가요?"

아니, 갑자기 왜? 뜬금없다고 생각할 만큼 갑작스러웠다. 준표는 절대 그런 아이가 아니라고 도리어 내게 역정을 내던 분이 아니던가. 도대체 무슨 일인지 여쭤보니, 발단은 공개수업이었다. 얼마 전 있었던 공개수업에 꽤 많은 수의 학부모님이 참석했는데, 수업이 끝나고 다른 학부모님들이 준표 어머니에게 여러 가지 불만 섞인 부탁을 한 모양이었다. 아마, 집에서 자녀들이 준표랑 같이 노는 게 힘들다는 식의 이런저런 말을 했을 것이다. 1학년 때부터 준표를 거쳐 간 선생님들이 아무리 말해도 수용하지 않았던 그 사실들에 어머니가 비로소 의문을 갖고 심각성을 느낀 듯했다. 지금이라도 아시게 된 게 다행인 걸까. 준표 어머니의 낮게 떨리는 목소리를 듣고 있자니 '좀 더 일찍 전화하시지' 싶은 마음이 들었다. 무력했고 씁쓸했다.

"선생님, 대체 어떻게 해야 할까요?"

"제가 일을 그만두고 아이를 보면 좀 나을까요?"

쏟아지는 질문을 들으며 준표가 이제껏 교실에서 보여 준 모습들을 낱낱이 이야기했다. 이전과 다른 점이 있다면, 수화기 너머로 조금의 수긍과 수용이 느껴졌다는 것이다. 준표 어머니는 더 이상 준표를 변호하지 않았다. 한 시간이 넘는 통화 끝에 준표 어머니는 힘없는 목소리로 한번 노력해 보겠다고 말했다. 아이가 아직 어리니 지금이라도 노력하면 많이 좋아질 것이라고 진심으로 응원의 말을 건넸다. 그 말을 마지막으로 그해 준표 어머니와의 마지막 통화를 끝냈다. 다행히도 남은 두 달은 별 탈 없이 마무리되었다.

그 후로 3년이라는 시간이 빠르게 지나갔다. 새 학년 준비 기간에 올해 함께하게 된 아이들의 명부에서 익숙한 이름들을 보며 벌써 이 아이들이 6학년이 됐다는 사실에 감회가 새로웠다. 그런데 아뿔싸, 그중 준표의 이름이 떡하니 있었다. 나도 교사이기 전에 사람인지라, 힘든 일은 피하고 싶었다. 그런데, 준표라니. 3학년인 어린 준표도 힘들었는데 6학년이 된 사춘기 준표는 얼마나 더 힘들게 할는지, 시작도 하지 않았는데 피로해지는 기분이었다.

하지만 놀랍게도, 오랜만에 만난 6학년의 준표는 3학년의 준표가 아니었다. 처음에는 동명이인인 줄 착각할 정도였다. 준표는 선생님과 친구들을 대하는 모습이 180도 달라져 있었다. 예전처럼 갑작스레 신경질을 내는 모습은 눈 씻고 보아도 찾을 수 없었고, 친구들에게도 최대한 상냥하고 친절한 말투를 사용했다. 체육 활동이나 교실 놀이를 할 때도 이기려고 죽자고 달려들지 않았고 패배도 순순히 인정했다. 표정도 미묘하게 달라졌다. 3학년 때의 준표 얼굴은 다소 표독스럽게 보일 정도로 기저에 화가 깔려 있는 것이 보였는데, 지금은 훨씬 편안하고 침착해 보였다. 고학년이 되어 의젓해진 까닭도 있었겠지만, 근본적으로 아이의 마음에 변화가 생긴 것이 여실히 느껴졌다.

아이가 보이던 문제 행동이 부정적인 쪽으로 더 강화되는 것은 봤어도, 이렇게 긍정적인 방향으로 변화된 모습은 처음이었다. 환골탈태 그 자체였다. 오랜만에 통화하게 된 준표 어머니에게 칭찬의 말을 잔뜩 늘어놓을 수밖에 없었다.

"어머니, 준표가 3학년 때보다 너무 좋아졌어요!"

"그런가요? 다행이에요."

"제가 이전의 준표 모습을 봐서 알잖아요. 지금은 갑자기 화내는 것도 없고, 친구들에게 양보도 잘하고 너무 의젓하고 훌륭해졌는데요? 어떻게 하셨어요?"

"괜찮다니 정말 다행이네요. 처음에는 크면 좀 나아지겠지 했거든요. 그런데 어느 순간 그게 아닌 것 같더라고요. 어떻게든 고쳐야 할 것 같아서 상담도 다녀 보고, 공부도 많이 했어요. 준표만 데리고 둘이 여행도 다녀오고, 대화도 많이 했고요. 처음엔 반항도 많이 했는데, 다행히 잘 따라와 줘서…."

준표 어머니의 담담한 목소리 뒷길로 3년의 노고가 느껴졌다. 무소식이 희소식이라 했던가. 앞으로 준표 어머니에게 먼저 전화를 걸 일은 없을 것 같았다. 그해, 준표는 손 하나 댈 것이 없이 온전했다. 학급 부회장도 맡고 친구들과 즐겁게 어울리면서 학교생활을 너무나 잘 해낸 준표는 앞으로 커 가는 모습이 궁금해질 정도로 멋지게 성장했다. 졸업식에서 함께 사진을 찍자고 말을 건네 오던 준표의 의젓하고 평온한 얼굴이 눈에 선하다.

학교는 시행착오를 겪기 위해 마련된 공간이다. 친구들과 원만한 관계를 맺고, 약속된 규칙을 지키고, 다른 사람에게 피해를 주는 행동을 했을 때 어떤 책임을 져야 하는지 배우는 곳, 서로를 존중하고 존중받으며 살아가는 법을 경험으로 배우는 곳이다. 그렇기에 옳고 그름에 대한 엄격하고 상식적인 가르침이 필요하다.

지금도 수없는 고민 끝에 조심스럽게 전달한 아이의 문제 행동을 막연히 회피하거나 인정하지 않으려는 모습들을 종종 마주치곤 한다. 심지어 아이에 대해 듣기 싫은 이야기를 했다는 이유로 각종 트집을 잡아 공격해 올 때 '내가 무슨 부귀영화를 누리려고' 싶은 마음에 무력감도 든다. 호의적이지 않은 사회 분위기 속에 교육자로서의 열의가 점점 움츠러드는 것은 사실이지만, 준표를 통해 가능성을 본 이상 나는 앞으로도 '듣기 싫은' 전화를 할 수밖에 없을 것만 같다.

문제를 회피하는 것은 아이를 방치하는 것과 같다. 하지만 문제를 인정한다면 아이의 행동은 충분히 좋은 방향으로 변화하고 성장할 가능성이 있다. 여기서 인정은, 아이 자체가 잘못됐다고 받아들이라는 게 아니라 아이의 문제 행동만 우선 똑 떼서 인정한다는 뜻이다. 이 어렵고 어려운 허들만 넘는다면, 그 뒤로는 함께 도와줄 이들이 기다리고 있다.

손도 대지 못할 만큼 엉켜 버린 실타래를 본 적 있을 것이다. 실타래가 조금 엉켰을 때 바로 풀지 않으면, 갈수록 더 복잡하고 까다로운 모습으로 엉켜 버린다. 손으로 풀지 못한다면 최후의 방법은 가위로 싹둑 잘라 내 버리는 것밖에 더 있겠는가. 직시하고 받아들이는 일이 문제를 쉽게 해결하는 첫 번째 방법이다.

어리기 때문에 기회가 있다. 잘못된 부분은 따끔히 가르치고 지켜봐 준다면 아이들은 변화할 수 있다. 그래서 가까운 어른의 자리는 항상 무겁다. 그 변화의 기회를 막고 있지는 않은지 나 역시 수없이 돌아보게 된다. 아이를 진심으로 위하는 일이 무엇인지, 여전히 교실에서 배우는 중이다.

Chapter 2

교실까지 스며든
빈부의 차이

"동물원에 가 본 적 있는 사람?" 하고 물었을 때
두세 명만 조심스럽게 손을 드는 모습을 보고 '아, 수업하기
쉽지 않겠네.'라고 생각했던 적이 있다. 그것이 얼마나
편협하고 오만한 시선이었는지를 시간이 한참 흐른 뒤에야
깨달을 수 있었다.
내가 공기처럼 누리는 것들이 다른 누군가에게는 정말
간절한 것이 되기도 한다. 따뜻한 밥도, 단정한 옷차림도,
심지어 하리보 젤리 하나도 마찬가지다.

줌 수업에서 누군가의 방을 들여다볼 권리

2020년의 교실은 '줌(Zoom)'으로 연결되었다 해도 과언이 아니다.

옆 나라에서 시작된 실체 모를 전염병으로 교문이 굳게 닫힌 지 두 달쯤 지났을까, 영원히 끝나지 않을 것 같은 겨울방학을 즐기던 이 나라의 학령기 아이들을 전 국민이 두고 볼 수만은 없는 상황이 오고야 말았다. 더욱이 급하게 준비된 온라인 수업 콘텐츠의 질을 비난하는 언론과 불만 섞인 학부모들의 질타에 교사들도 서서히 지쳐 가는 상황이었다. 모두가 예민한 시기에 '실시간 화상 수업은 아무래도 부담스러운데'라는 말은 호사스러운 핑계였다. 그래, 이제 어쩔 수 없었다. 무언가 시작하긴 해야 했다. 그렇게 선생님은 교실에서, 아이들은 집에서, 사상 최초로 같은 시간 다른 장소에서 줌으로 연결된 학교생활이 시작되었다.

교사에게도 줌 수업은 도전이었다. 수업의 장소를 면 대 면의 아날로그 교실에서 비대면 온라인 공간으로 옮겨야 하는 터라 꼼꼼한 준비가 필요했다. 가장 먼저 할 일은 우리 반 줌 수업 주소를 공유하는 것이었다. 교사 전용 계정으로 주소를 만들고 학급 밴드(BAND, 모임 앱) 공지 사항 상단에 고정해 아이들이 잘 찾아 들어올 수 있도록 했다. 이제는 8시 50분까지 교실이 아닌 줌 회의실에 들어와 얼굴도장을 찍어야만 출석이 되었다.

줌 수업에도 마땅히 학급 규칙이 필요했다. 본래 학기 초에 교실에서 함께 지내면서 필요한 규칙을 만들어 나가는 편이었지만, 비대면 공간에서는 하향식으로 규칙을 공표하는 것이 낫다는 생각이 들었다. 같이 규칙을 만들 시간도 기회도 없었으니 말이다.

가장 중요한 규칙은 카메라 사용에 대한 것이었다. 수업 중 타당한 이유 없이 화면을 끄거나, 자신의 얼굴이 아닌 애꿎은 교과서나 벽을 비추며 수업에 소홀히 참여하면 그 수업을 결석한 것으로 하겠다고 못을 박았다. 수업에 열심히 참여하지 않아도 눈감아 줄 수 있던 면 대 면의 교실과는 달리 비대면의 세계는 참 융통성을 발휘하기 힘든 공간이었다. 또 아이들끼리 일대일 쪽지를 주고받을 수 없도록 설정했고, 선생님과 친구들의 얼굴을 몰래 캡처하거나 사진을 찍는 행동은 초상권 침해라고 엄포를 놨다. 엄격한 규칙들로 무장한 게시글을 두 번째 공지 사항으로 고정해 놓는 내 모습을 보자니, 『해리 포터』 속 포악한 엄브릿지 교장이 된 것 같은 언짢은 기분이 들었다.

　게시글을 올린 지 얼마 지나지 않아 비밀 댓글이 달렸다. 우리 반 김지환이라는 아이의 댓글이었다.

　"선생님, 저는 집에 태블릿이 없는데 혹시 학교에서 빌릴 수 있나요?"

　아뿔싸, 가장 중요한 걸 깜빡했다. 온갖 규칙들을 세우는 데 급급해 꼭 해야 할 일을 놓칠 뻔한 것이다. 음식을 만들 재료도 준비하지 않고 냅다 요리부터 시작하려는 격이었다. 나는 서둘러 컴퓨터나 노트북, 태블릿같이 온라인 수업을 들을 수 있는 기기가 없는 학생은 e알리미(공지사항 앱)를 통해 신청하라고 안내했다. 며칠 후 세어 보니 우리 반은 스물여섯 명 중 열두 명의 아이들이 대여를 신청한 상황이었다. 예상했던 수보다 많았다.

　학교에서 태블릿을 나누어 주는 날이었다. 코로나 예방 차원에서 아이들은 학년별로 지정된 시간에 지정된 교실에만 들려야 했다. 태블릿 담당 선생님께서 총괄하는 일이라 우리 반 아이가 왔다고 해서 따로 담임선생님 얼굴을 보거나 인사를 할 수는 없는 상황이었다. 그런데 복도에서 인기척이 나더니 누군가 교실 문을 똑똑 두드렸다. 살짝 열린 문틈으로 한 남학생이 보였다. 마스크를 쓴 그 아이는 한 손에 태블릿을 들고 멀리서 말을 건넸다.

　"선생님, 안녕하세요. 저 올해 6학년 2반 된 김동혁이에요."

　"어, 안녕! 네가 동혁이구나? 반가워. 그런데 동혁아, 태블릿

갖고 바로 집에 가야 해."

"아, 네! 이제 가려고요. 그런데 드릴 말씀이 있어서요."

"응? 뭔데?"

"저, 줌 수업 할 때 교실에 와서 해도 되나요?"

"왜? 무슨 일 있어?"

"아, 집에서 인터넷이 잘 안 돼서요. 사실 태블릿 가져가도 소용없거든요. 엄마가 교실에 와서 해도 되는지 선생님께 여쭤보래서 왔어요."

왜 당연히 인터넷은 된다고 생각했을까. 어떤 아이들에게 수업의 공간을 바꾼다는 건 처음부터 쌓아 올려야 할 것들이 너무나도 많은 일이었다. 왠지 좀 불공평하다는 생각이 들었다.

5월의 어느 월요일, 대망의 첫 줌 수업이 시작되는 날이었다. 아이들도 처음이지만, 교사인 나도 처음 겪어 보는 일인지라 살짝 긴장됐다. 출석 확인 까먹지 않고, 전담 시간에 맞춰 수업 권한 잘 넘겨드리고, 숙제 확인 잘하면 되겠지. 어떤 변수가 찾아와도 차분하게 대응할 자신이 있었다.

그런데 시작한 지 10분쯤 지났을까, 전혀 예상하지 못했던 상황을 맞닥뜨리게 되었다. 준비하는 과정에서 장애물은 다 치워 놓은 줄 알았는데, 현실은 달랐다. 나는 우리 반 아이들의 진짜 '어려움'을 직면하게 되었다.

사실, 대부분의 초등학교 아이들은 교실에 모여 있으면 다 비

숫비슷하다. 아이다운 편한 옷차림도, 책가방이나 실내화 주머니의 생김새도, 웬만하면 체육 시간을 좋아한다는 것도, 사춘기가 아직 오지 않아 천진난만한 표정도 다 비슷하다. 누가 더 풍족하게 살고, 누가 더 어렵게 사는지 가늠하기가 어렵다. 더욱이 요즘 학교 급식은 무상으로 제공되고, 우유 급식은 희망자만 신청한다. 수업에 필요한 기초 학용품이나 미술 준비물도 어지간하면 모두 학교에서 제공하는 시대다. 그런 까닭으로 우리네 교실에선 특정 아이가 경제적 어려움을 겪고 있다는 생각을 하게 될 이유도, 기회도 없다. 어찌 보면 정말 평등한 공간이다.

그런데 줌 수업에서는 그 어려움이 너무나 확실하게 전달됐다. 아이를 감싸고 있는 방의 모습과 분위기가, 앉아 있는 자세가 이 아이들이 사는 환경을 너무 적나라하게 보여 주고 있었다. 이 모습은 교사이자 어른인 나한테만 보이는 게 아니라 스물여섯 명의 아이들 눈에 실시간으로 여과 없이 비치고 있었다.

이런 식이었다. 어느 줌 수업 시간, 스물여섯 개의 화면들 사이로 윤수의 화면이 유독 눈에 띄었다. 자세히 보니 윤수의 모습이 팔꿈치로 얼굴을 받치고 있는 모양새였다. 마치 엎드려 있는 것처럼 보였다. 아무리 집이라고 해도 그렇지, 엎드려서 수업을 듣는 건 예의가 아니었다. 나는 윤수를 꾸짖으며 "김윤수, 얼른 책상에 가서 바른 자세로 앉으세요."라 말했다. 충분히 할 수 있는 말이지 않나. 모름지기 학생이라면 바른 자세로 앉아 수업을 들어야 하는 것 아닌가.

그런데 윤수가 이렇게 답했다.

"선생님, 저 집에 책상이 없어요."

윤수의 말을 듣자마자 사고 회로가 잠시 정지됐다. 비대면의 공간에도 정적이 흐를 수 있다는 것을 그 순간 처음 알았다. 윤수는 가정 형편이 조금 어려운 아이일지도 몰랐다. '모든 초등학생의 집에는 자기 책상이 하나쯤 있을 것이다'라는 전제는 나의 고정관념이었다. 깊은 생각 없이 말을 내뱉은 스스로가 부끄러웠다. 혹여 윤수가 상처받지는 않았는지 걱정됐다.

"윤수야, 그렇게 있으면 허리도 아프고 자세도 나빠져. 어디 기대서라도 앉으세요."

어색한 정적을 깨고 싶은 마음에, 내 부끄러운 발언을 얼른 묻어 버리고 싶은 마음에 상황을 대충 얼버무리고 넘어갔던 기억이 난다.

또 이런 적이 있다. 소영이라는 아이의 화면에 계속 어수선한 움직임이 잡혔다. 가만 보니, 소영이가 앉아 있는 의자 뒤쪽으로 연로하신 할아버지와 할머니가 내복 차림으로 자꾸 왔다 갔다 하시는 모습이었다. 당신들이 화면에 비치는지 미처 모르시는 눈치였다. 교사인 나는 상관없었지만, 실시간 생중계되는 줌 수업의 특성상 마음이 불편했다. 다른 아이들도 소영이의 화면을 확대해 볼 수 있다는 것도 걱정됐다. 고민을 거듭하다, 쉬는 시간에 소영이의 휴대폰으로 전화를 걸었다.

"소영아! 담임선생님인데, 지금 집에 할머니랑 할아버지랑 같이 있니?"

"네, 선생님."

"줌 화면에 계속 소영이 할머니 할아버지 모습이 보이는데, 아마 보이는지 모르고 계신 것 같아서."

"아아, 할머니 할아버지 괜찮으실 것 같긴 한데, 좀 그러면 제가 말씀드릴게요. 근데 딱히 어디 계실 곳이 없어서…."

"응?"

"그… 저희 집이 거실이랑 방 하나가 있는데요, 따로 어디 계실 방이 없어요."

소영이의 말을 듣자마자, 괜히 전화를 걸었다 싶어 후회했다. 나는 소영이에게 재빨리 아니라고, 괜찮다고, 할머니 할아버지 신경 쓰시니까 말하지 말라고 거듭 당부한 후 전화를 끊었다.

일련의 사건들 이후 나는 우리 반 아이들 모두에게, 줌 화면의 배경을 모자이크처럼 흐릿하게 하는 방법을 찾아 알려 줬다. 그리고 학급 밴드 공지 사항에 있던 각종 규칙을 밑으로 내려 버리고 맨 위에 '줌 배경 흐릿하게 만드는 법'을 고정했다. 진짜 중요한 것은 따로 있었다.

나는 각자가 사는 공간의 색깔과 분위기를 낱낱이 공개해야 하는 줌 수업이 그해 내내 싫었다. 그토록 사적인 영역을 서로가 속속들이 보여 주고 들여다봐야 했던 상황이, 어쩐지 불쾌하고도 슬펐다. 경제적 차이는 흠이 아닐뿐더러, 자본주의사회에서 당연히 생길 수밖에 없는 것임을 안다. 하지만 타의에 의해 어린아이들의 모습과 환경이 낱낱이 공개되고 공유되는 것이 참 거북했던 것 같다. 거기에 나의 성급한 일반화에서 비롯한 무례한 발언들도 더했으니 정말 최악이었다.

너무 익숙해서 보이지 않았나 보다. 학교라는 곳은 더할 나위 없이 평등한 공간이었다. 줌 수업이 끝나고 보니 비로소 알 것 같다. 비교할 거리 없이, 눈치 볼 필요 없이, 부족함 없이 누구나 마음껏 뛰놀고 즐길 수 있는, 더없이 편안한 공간이다. 자라나는 아이들에게 이곳이 얼마나 소중한 공간인지 다시금 깨닫는다.

줌 수업에서 누군가의 방을 들여다볼 권리는 없다. 자신의 상황을 낱낱이 드러내야 할 이유도 없다. 그리고 왜 그런 상황인지 누군가에게 구구절절 설명할 이유는 더더욱 없다. 앞으로 줌 수업을 다시 해야 하는 날이 올까. 왠지 나는, 그런 미래를 생각하면 자신이 없다.

하리보 젤리를
주머니에 챙겨 가는
아이가 있다

"선생님, 하리보 젤리 지금 먹어도 되죠?"

현재 근무하는 곳에서는 아이들에게 젤리를 나누어 줄 때 곧잘 이런 질문이 들려온다. 간식을 손에 쥐자마자 먹겠다고 말하는 이곳 아이들은, 삶의 모습이 정서적으로나 경제적으로나 안정된 것을 넘어 넉넉한 편에 속한다. 어느 한 꼭짓점도 쪼그라들지 않고 꽉 채워진 육각형의 삶 같달까.

그 안정감은 일상 속 사소한 부분들에서 자연스럽게 드러난다. 예컨대 아침밥을 먹고 등교하는 게 당연해서 딱히 배고프단 소리 없이 오전 일과를 보낸다거나, 알림장에 실로폰이나 수채화용 물감처럼 다소 번거로운 준비물을 적어 줘도 한 명도 빠짐없이 깨끗하고 반듯한 보조 가방에 정성스레 챙겨 오는 식이다. 닳은 실내화를 보고 '이제 바꿔 올까?' 하면 다음 날 무리 없이 새것으로 가져올 수 있고, 한겨울에는 통통한 눈사람처럼 두툼한 패딩 잠바에 목도리와 귀마개까지 꽁꽁 싸매고 학교에 온다. 모든 상황, 모든 순간에 아이들은 지나침도 모자람도 없이 마침맞다.

별다른 부족함을 겪어 본 적 없어서일까. 이곳의 아이들은 학교에서 나누어 주는 간식거리에도 연연하지 않는다. 가장 인기가 많은 하리보 젤리도 마찬가지다. 이 아이들에게 선생님이 주는 하리보 젤리는 그저 학교생활을 열심히 했다는 뿌듯함의 상징이자 다른 친구들이 하기 싫어하는 학급의 궂은일을 맡아서 했다는 일종의 증표, 내지는 손으로 만질 수 있는 형태의 성취감이었다. 아이들은 하리보 젤리를 '칭찬 도장' 하나쯤으로 여겼다. 젤리를 주면 공손하게 두 손으로 받아 '감사합니다.'라고 꾸벅 인사한 뒤 곧바로 '지금 먹어도 되나요?'라고 물어보곤 했다. 하리보 젤리의 비닐을 뜯는 데 한 치의 망설임도 없이 말이다.

고작 젤리 하나다. 그것을 간식으로 생각하든, 칭찬의 결과물로 생각하든 맛있는 군것질거리를 눈앞에 두면 응당 그 자리에서 먹어 보고 싶은 게 당연한데 이게 뭐 그리 특별한 일이냐고 혹자는 물을지도 모르겠다. 하지만 사뭇 다른 반응을 보이는 아이들이 있다. 하리보 젤리를 칭찬이나 보상이 아닌 '간식' 그 자체로 받아들이는 아이들이 있다. 그것도 평상시에 쉽게 가질 수 없는 특별한 간식. 너무 소중해서 황금색 포장지에 담긴 말랑말랑한 곰돌이 젤리를 꾹꾹 눌러 볼 뿐, 한입에 삼키는 건 엄두도 못 내면서 말이다. 눈앞에 놓인 마시멜로를 15분 동안 먹지 않고 참으면 한 개를 더 주는 그 유명한 '마시멜로 실험'도 아니건만, 왜 어떤 아이들은 젤리 하나를 이토록 소중히 여겼을까. 하리보 젤리를 늘 주머니에 챙겨 집으로 돌아가곤 했던 아이, 재웅이가 떠오른다.

보통 지역적으로 소외된 곳에 학교가 위치할수록 국가에서 내려오는 예산이 많다. 지난 근무지는 읍 단위의 학교였기에 교실마다 사용할 수 있는 학급운영비가 상대적으로 많은 편이었다. 나는 그 예산을 주로 아이들의 간식거리를 사는 데 활용했다. 교탁 뒤편 서랍장 한 칸을 통으로 비워 놓고 간식 창고처럼 사용했다. 마이쮸, 뽀로로 비타민, 하리보 젤리처럼 아이들이 좋아할 만한 간단한 간식거리부터 초코파이나 오예스처럼 배를 조금이라도 채울 수 있는 두툼한 간식까지 종류별로 촘촘하게 모자람 없이 챙겨 두곤 했다.

그해, 우리 반이었던 5학년 재웅이는 선하고 차분한 인상을 지닌 아이였다. 위로 누나, 아래로 여동생이 있었는데 이미 졸업한 재웅이의 누나를 가르친 적이 있었기에 가정 형편이 어떤 상황인지 잘 알고 있었다. 재웅이의 어머니는 몸이 편찮으셨고, 아버지가 생계를 꾸리기 위해 다른 지역에서 일하고 계셨다. 주 양육자인 어머니와 몇 번 통화를 했을 때, 몸이 아파 자녀를 제대로 보살피지 못하는 상황에 미안함과 부채감을 가지고 계셨다. 그래도 다행인 건, 재웅이 어머니의 걱정과 달리 세 남매가 참 착하게 잘 지냈다는 것이다. 오며 가며 보았던 세 남매는 서로에게 각별했고, 친구들에게 다정했고, 밝고 즐겁게 학교생활도 잘했다.

특히 재웅이는 선생님의 말씀을 잘 따르고 모든 학교생활에 최선을 다하는 성실한 아이였다. 그 당시 나는 '칭찬 포인트'라는 것을 만들어 포인트가 열 개씩 쌓일 때마다 하리보 젤리를 하나씩 선물로 주는 개인 칭찬 제도를 학급 운영에 활용하고 있었다. 아침 시간에 독서를 열심히 하면 포인트 하나, 지각하지 않으면 포인트 하나, 발표하면 포인트 하나, 가끔 빙고 게임에서 이기면 포인트 또 하나. 아이들을 학교생활에 적극적으로 참여하게 만드는 나름의 독려책이었다. 그중에서도 재웅이는 누구보다도 포인트를 듬뿍 받아 가는 아이 중 한 명이었다.

"선생님, 저 포인트 다 모았어요!"

"그래, 재웅이 수고 많았어. 바구니에서 젤리 하나 가져가."

"네, 감사합니다!"

재웅이는 포인트가 열 개씩 쌓일 때마다 잔뜩 신이 나서 나를 찾아왔다. 한 번쯤 까먹을 만도 한데 그런 일도 없었다. 재웅이는 간식 바구니 앞에서 항상 고심했다. 별다를 것 없이 다 똑같이 생긴 젤리들을 유심히 관찰하더니 이거다 싶은 게 생겼을 때 하나를 골라 주머니에 소중히 넣었다. 낚싯바늘에 걸린 물고기를 재빨리 낚아채듯 그렇게 하리보 젤리를 건져 올렸다. 어느새 재웅이는 우리 반에서 가장 포인트를 빨리 모으고, 가장 많은 젤리를 가져가는 아이가 되어 있었다.

2학기의 어느 날, 평소처럼 포인트와 맞바꾼 젤리를 주머니에 쏙 집어넣는 재웅이에게 무심코 말을 붙였다.

"재웅아, 젤리 맛있지? 지금 먹어도 돼."

"아, 괜찮아요, 선생님."

"집에 가서 먹으려고?"

"아니요. 저는 안 먹어요."

반년이 넘도록 그 누구보다 포인트를 열심히 모았던 재웅이였는데, 젤리를 안 먹는다니 의외의 대답이었다.

"그러면 언제 먹으려고? 너 젤리 별로 안 좋아하니?"

"아, 이거 동생 갖다주려고요. 하리보가 제 동생 '최애' 젤리거든요."

이제껏 젤리를 가져갈 때마다 뿌듯하게 미소 짓던 재웅이의 얼굴이 스쳐 지나갔다. 동생에게 가져다줄 생각으로 그렇게 기분이 좋았던 모양이다.

"그래도 재웅아, 너는 안 먹어도 돼?"

"아, 저는 괜찮아요! 동생이 맨날 젤리 기다리거든요."

아홉 살 여동생을 생각하는 열두 살 오빠의 마음이 대견했다. 재웅이는 행여나 잃어버릴세라 다시 주머니 깊숙이 젤리를 욱여넣었다.

"동생 주려고 재웅이가 그렇게 열심히 하는구나?"

"네! 저희 집은 맛있는 간식 같은 게 따로 없어서요."

아무렇지 않은 듯 얘기하는 재웅이의 말에 생각이 많아졌다. 그냥 잘하는 아이들에게 한두 개씩 주려고, 가벼운 마음으로 사두었던 것들이다. 그런데 간식을 먹고 싶은 만큼 마음껏 먹을 수 없는 환경의 아이에게는 이 조그만 젤리 하나를 집에 가져가는 게 큰 기쁨인 모양이었다. 칭찬의 도구 그 이상도 이하도 아니었던 이 황금색 포장지의 하리보 젤리가 달리 보이기 시작했다.

자꾸 눈에 밟혀서일까, 어느 날 수업 시간에 교실 한 바퀴를 둘러보다가 진현이의 필통에 꾸깃꾸깃하게 접힌 하리보 젤리가 두 봉지 들어있는 걸 발견했다. 꽤 예전에 받아 간 것으로 기억하는데 왜 먹지도 않고 필통에 넣어 둔 걸까. 지나치지 못하고 기어코 말을 걸었다.

"진현아, 왜 젤리를 필통에 넣어 놨어?"

진현이는 약간 민망한 듯 멋쩍은 웃음을 짓더니 대답했다.

"아…. 저 아껴 먹으려고요."

"왜? 얼른 먹고 또 포인트 모아서 받으면 되잖아."

"그래도요. 자주 받을 수 없으니까요? 진짜 먹고 싶을 때 먹으려고요."

진현이에게도 하리보 젤리는 단순한 칭찬 도장이 아니었다. 아껴 먹고 싶은, 소중한 간식 그 자체였다. 손바닥 크기에도 못 미치는 작디작은 젤리일 뿐이다. 요즘 아이들이 편의점이나 과자 할

인점에서 이 정도 간식을 쉽게 사 먹을 수 있을 거라는 생각은 착각이었다. 학교에서 받은 간식 하나를 집에 고이 챙겨 가서 형제에게 나누어 줄 생각을 하고, 당장 먹고 싶은 마음을 참으며 소중히 여기는 아이들이 있었다. 이 아이들을 안쓰럽게 보고 싶진 않았다. 나는 그저 평소보다 더 많은 하리보 젤리를 주문해 서랍장에 넉넉히 채워 놓기 바빴을 뿐이다.

몇 달 후, 학교 급식 파업 때 있었던 재웅이와의 에피소드가 기억난다. 간간이 생기는 급식 파업 날에는 아이들에게 급식 대신 공장에서 포장되어 온 가공식품이 제공됐다. 그날도 마찬가지로 초콜릿을 듬뿍 묻힌 도넛, 바나나 모양의 카스텔라, 오렌지주스, 초코우유, 요플레 같은 대체 음식들이 잔뜩 봉지에 담겨 교실로 올라왔다. 하지만 아이들이 아무리 간식류를 좋아한다고 할지라도 따뜻한 밥과 국, 반찬이 있는 급식 대신 달고 더부룩한 빵 종류를 많이 먹지는 못했다. 가공식품 특유의 정제된 향과 맛은 먹으면 먹을수록 물렸다. 그리고 아이들의 입맛도 은근히 까다로워서, 포장지를 까서 첫입을 먹어 본 후 아니다 싶으면 바로 쓰레기통에 버리기 일쑤였다. 호빵맨의 얼굴처럼 한 입 베어 먹힌 빵들이 아깝게 버려지는 것을 보던 재웅이는 교실을 돌아다니며 아이들에게 말을 걸었다.

"수정아, 너 이거 안 먹을 거야?"
"왜?"

"아, 이거 안 먹을 거면 나 주면 안 돼?"

"그래, 마음대로 해."

그렇게 재웅이는 교실 구석구석을 돌아다니며 친구들이 먹지 않는 빵과 주스, 요플레를 잔뜩 모았다. 하나둘씩 모은 간식거리의 양은 재웅이의 책상 위를 덮고도 모자라 짝꿍의 책상까지 넘칠 지경이었다. 다른 아이들은 몇 입 먹고 운동장에 나가 놀기 바빴는데, 재웅이는 반에서 가장 늦게 먹는 아이까지 기다린 뒤 내게 찾아왔다.

"저기, 선생님."

"응?"

"이거 애들 안 먹는다고 해서 모았는데요, 이거 집에 가져가도 되나요?"

나는 재웅이의 뒤편으로 보이는 산처럼 쌓인 음식들을 보고 깜짝 놀랐다. 모두 포장지도 뜯지 않은 새것이었다.

"친구들이 안 먹는다고 줬어? 원래 주면 안 되는데, 이것 참…. 근데 집에 가져가서 뭐 하려고?"

"아, 저 엄마 갖다 드리고 싶어서요."

그 말을 듣자마자, 하리보 젤리를 소중히 주머니에 챙겨 갔던 재웅이의 모습이 갑자기 겹쳐 보였다. 가족에게 맛있는 간식거리를 가져다주고 싶은 재웅이의 마음이 이해되지 않는 것은 아니었다. 하지만, 가져가는 길에 상할 수도 있으니 안전하지 못하고, 집에서 먹고 괜히 탈이라도 나면 책임 소재를 가리기 어려워 무척 곤란한 일이 벌어질 수도 있었다.

"재웅아, 학교에서 급식 대신 나눠 준 음식들은 집에 가져가기 어려워."

"아, 그래요?"

"응, 혹시 가져가는 길에 상해서 배탈 나거나 하면 여러모로 곤란한 일이 생기거든."

"그러면 저거 다 버려야 해요?"

원칙적으로는 그랬다. 재웅이는 금세 시무룩한 표정이 되었다. 못 가져가는 것도 서러운데, 기껏 모아 놓은 간식들을 죄다 쓰레기통에 버려야 한다는 것이 너무 아까운 모양이었다.

"음… 재웅아, 일단 다 이리 갖고 와 봐."

재웅이는 간식거리를 한 아름 안아 교탁 옆 책상에 내려 놓았다. 그냥 버리기엔 너무 아까운 양이었다. 더군다나 필요로 하는 사람이 있는 상황에서 이 간식거리들의 포장지를 뜯고 일일이 쓰레기통에 집어넣는 건 너무 가혹한 일이었다. 지켜야 하는 원칙과 재웅이의 간절한 표정 사이에서 고민이 됐다. 납품된 지 얼마 안 돼 반질반질하고 각이 살아 있는 포장지들을 보니 냅다 버리는 것도 능사가 아닌 것 같았다. 심지어 유통기한이 6개월 이상 남은 것들도 많았다. 한 번 정도는 괜찮지 않을까. 아직 세상의 무서움을 모르는 풋내기 사회인이었던 까닭일지도 모른다. 지금보다 겁이 없고 배포는 좀 더 컸던 나는 결국, 한 번만 눈 딱 감아 보자고 결정해 버렸다.

"재웅아, 원래 이거 절대 가져가면 안 되는 거 알지?"

"네!"

시무룩하던 재웅이의 표정이 갑자기 환해졌다.

"요플레는 빨리 상하고, 주스도 좀 위험해. 대신 도넛이랑 카스텔라는 유통기한이 6개월 남았으니까 집에 가자마자 먹으면 괜찮을 수 있어. 선생님 말씀 이해하지?"

"네!"

"딱 오늘 먹을 만큼만 가져가자. 몇 개 필요할 것 같아?"

재웅이는 손가락을 하나씩 꼽으며 대답했다.

"엄마랑 동생이랑 누나요! 세 개요."

"재웅이 거는?"

"아, 저도 하나 가져가도 되나요?"

"물론이지. 네 개 가져가자."

재웅이는 네 개의 빵을 신중히 고르더니 재빨리 책가방에 넣고 가방 문을 단단히 잠갔다. 그리고 환히 미소 지으며 말했다.

"선생님 정말 감사해요. 오늘 가서 바로 먹을게요."

"재웅이 너도 꼭 먹어. 알겠지? 뭐 먹었는지 내일 선생님께 와서 알려 줘야 해?"

"네! 꼭 그럴게요!"

맛있는 간식을 먹을 생각에 기쁜 건지, 집에 가져가 가족들에게 줄 생각으로 기쁜 건지 재웅이는 밝게 웃어 보였다.

내가 만났던 아이들은 하리보 젤리를 기준으로 두 부류로 나누어진다. 우선, 하리보 젤리쯤은 언제든지 가질 수 있어서 먹든 안 먹든 전혀 아쉽지 않은 유형이다. 젤리 하나를 못 받는다고 해서 아쉬울 것도 없고, 그걸로 결핍을 느끼지도 않는다. 이 아이들의 삶에서 젤리 하나를 갖는 일은 그다지 어렵지 않다. 반면, 학교 선생님이 나누어 주는 간식의 세계가 전부인 환경 속에서 사는 아이들도 있다. 누군가에게는 '고작 젤리 하나'일 그 젤리를 얻기 위해 온 마음을 다해 노력하고, 하나하나를 보물 다루듯이 소중히 여긴다. 그 과정에서 때때로 자신의 몫보다 가족을 먼저 생각하기도 한다.

그런 아이들을 마주했을 때 담임교사가 할 일은 많지 않다. 그저 간식 바구니를 가득, 더 가득 채워 놓을 뿐이다. 아이에게 안타까움이나 연민의 시선을 함부로 내비치지 않으면서 그저 응원할 뿐이다. 하나 더, 자신의 몫을 다른 사람 것보다 먼저 챙기는 법을 넌지시 가르쳐 줄 뿐이다.

새로운 곳의 아이들은 간식에 '쿨'하다. 하리보 젤리의 비닐을 뜯는 데 한 치의 머뭇거림도 없는 아이들을 보면, 가끔 쿨하게 젤리를 먹지 못했던 재웅이와 진현이가 생각난다. 어떤 이에게는 너무 당연한 것들이, 다른 이에게는 참 어려운 것일 수 있다는 본

질적인 불공평함을 마주할 때마다 마음이 참 복잡해진다. 그리고 그 시작이 고작 젤리 하나가 될 수도 있다는 냉정한 현실을 쿨하게 인정하는 일이, 초등학교 교실 안에서는 여간 어려운 것이 아니다.

주말에 무엇을 했는지 선뜻 질문할 수 없는 이유

　우리는 매 순간 경험한다. 가 보고, 먹어 보고, 만나 보고, 한번 해 보는 모든 일이 경험이라는 이름으로 몸과 마음에 쌓인다. 그 경험들은 가랑비에 옷 젖듯 서서히 우리의 생각을 만들고, 몸을 움직이게 하고, 인생을 꾸려 가게 만든다. 사람을 자동차에 비유한다면, 경험은 앞으로 어느 방향으로 나아갈지 결정해 주는 핸들의 역할을 한다.

　경험은 평생에 걸쳐 쌓인다. 하지만, 이를 효율적으로 흡수할 수 있는 적기는 분명 존재한다. 눈 깜짝할 새 성인이 된 지금, 돌이켜 보면 학창 시절의 작은 경험 하나하나가 내 인생의 중요한 선택 앞에서 방향을 바꿔 놓곤 했다. 본격적으로 독립된 삶을 시작했던 20대 역시 다르지 않았다. 좋은 경험이었든, 별로 좋지 않은 경험이었든 경험의 누적과 되새김질은 생의 중요한 순간에 빛을 발했다. 특히 어린 시절의 경험은 삶을 만드는 연료였다.

그러나 애석하게도, 경험의 문은 아무나 열 수 있는 것이 아니다. '기회'라는 열쇠가 없으면 문 너머에 다다를 수 없다. 경험은 하고 싶다고 전부 할 수 있는 것도, 모든 사람에게 공평하게 주어지는 것도 아니다. 즉 누군가에게는 경험의 기회조차 존재하지 않을 수 있다는 뜻이다. 이는 초등학교에 다니는 아이들이라고 해도 별반 다르지 않다. 6학년 담임을 맡았던 어느 해, 국어 수업 시간이었다.

"국어 교과서 91쪽을 펴 볼까요? 오늘 읽어 볼 논설문의 제목이 무엇이죠?"

"'동물원은 있어야 하는가'입니다."

"맞아요. 오늘은 동물원이 필요한지, 필요하지 않은지에 대한 논설문을 읽고 여러분들의 생각을 적어 볼 거예요. 여러분, 동물원 가 봤죠?"

"…"

"아, 동물원 가 본 사람 손들어 볼까요? 꼭 큰 동물원 아니더라도, 동물을 돌보고 사람들이 관람하러 오는 곳이면 괜찮습니다."

"…"

조용한 분위기 속에 두세 명이 눈치를 보며 손을 들었다.

"더 없을까요?"

"…"

또르르 연필 굴러가는 소리와 옆 반 리코더 소리만 들려왔다. 그때 우리 반에 흘렀던 정적을 나는 아직 잊지 못한다. 누군가에게는 동물원이 쉽게 다녀오기 어려운 곳일 수 있다는 사실을, 그 순간 처음 이해할 수 있었다. 수업 준비를 위해 교과서를 여러 번 들여다볼 적에도 이 질문에서 막힐 것을 미처 예상하지 못했다. 초등학교 6학년이면 동물원에 한 번쯤은 가 봤을 것이라는 내 생각은 철저한 선입견이었다.

    우리 아이들의 형편이 어려운 축에 속한다는 것은 알고 있었다. 그래도 동물원을 가 본 아이들이 스물여섯 명 중 단 두세 명밖에 되지 않는다니, 당혹스러웠다. 하지만 이 당혹감을 내비치는 것은 명백한 실례였다. 교과서 지문을 읽으려 했던 계획을 바꿔 유튜브에 동물원을 검색했다. 에버랜드와 서울대공원의 동물원 영상을 틀어 주니 아이들은 관심 없는 척하면서도 집중해서 영상을 봤다. 종종 '가 보고 싶다!'라거나 '우와! 진짜 귀엽다!' 같은 감탄사도 내뱉었다. 영상을 조금만 보여 주고 다시 교과서로 넘어가려 했는데, 신기하다는 눈빛으로 화면을 뚫어지게 쳐다보는 아이들을 보고 있자니 냉정하게 영상을 끊을 수 없었다. 결국, 해외에서 유명하다는 사파리 영상까지 두어 개를 더 보여 주고 교과서로 넘어왔다.

    무언가 착잡한 마음이 들었다. 이걸로 충분한 것일까. 그래도 동물원이라는 공간을 직접 경험해 본 적이 있다면 좋았을 텐데.

사소해도 좋으니, 긍정적이든 부정적이든 좋으니 동물원에 대한 배경지식이나 생각이 쌓일 수 있었다면 좋았을 텐데. 어떤 아이들에게 동물원은 쉽게 손을 뻗기 힘든 공간이었다.

경험의 차이는 아주 일상적인 부분에서 드러나기도 한다. 누구에게나 힘겨운 월요일 아침에, 나는 시작종이 울리자마자 교과서를 펴라는 말을 하고 싶진 않은 교사였다. 왠지 정 없어 보이는 모습을 감당할 수 없었거니와, 세상 활기차게 마무리했던 금요일의 기억이 겸연쩍게도 주말 새 적막해진 아이들의 분위기를 바꾸고 싶은 욕심도 있었기 때문이다.

졸려 죽겠다는 표정을 짓는 아이들의 관심을 단번에 끄는 최고의 방법은 바로 '스몰 토크'였다. 월요일인 만큼 '주말에 뭐 했어?'라는 질문으로 가볍게 대화를 나누다 보면 긴장된 분위기가 금세 풀리고, 1교시 국어 수업을 활기차게 시작할 수 있을 것만 같았다.

"얘들아, 주말 잘 보냈니? 뭐 하면서 지냈어?"

"…."

"가족들이랑 집에서 한 것도 좋고, 산책 다녀온 것도 좋고, 맛있는 음식 먹은 것도 좋아. 자유롭게 이야기해 볼까?"

"집에서 게임했어요."

"성재는 집에서 게임했고, 또 다른 친구는?"

"저는 집에서 유튜브 봤어요."

"혹시 어디 다녀왔거나, 맛있는 거 먹은 친구는?"

"…."

"편하게 이야기해도 돼. 발표해 줄 친구 없어?"

"…."

이상하게도 고요한 정적이 흘렀다. 그다음 주도, 다다음 주도 같은 질문을 하며 월요일을 시작했지만, 아이들의 대답은 '게임'이나 '유튜브'에서 멈춰 있었다. 그래도 주말이니 한두 명쯤은 가족과 산책을 하거나, 친구들과 자전거를 타거나, 박물관이나 놀이공원, 영화관 같은 장소에 갔다 오지 않았을까. 거창하지 않아도 좋으니 무언가를 해 본 아이가 즐겁게 경험담을 이야기해 주지 않을까. 내심 기대했지만 완벽한 착각이었다. 몇 주가 지나도 아이들은 이렇다 하게 하는 일이 없었다.

아이들이 밖에 나가고 싶지 않아서 집에만 있는 건 아닐 것이었다. 경험을 자주 할 수 있는 환경이 아니었으리라. 유튜브와 게임 말고는 무엇을 하며 시간을 보낼 수 있는지 잘 몰랐으리라. 큰 고민 없이 꺼내 들었던 '주말에 뭐 했어?'라는 질문이 어떤 아이들에게는 참으로 괴로운 질문으로 느껴질지도 몰랐다. 묘한 죄책감이 밀려왔다.

이전에 근무했던 다른 학교의 아이들은 저마다 주말 동안 했던 일을 이야기하고 싶어 늘 떠들썩했던 기억이 난다. 가족과 카페를 다녀오거나, 주말 축구 교실에 다녀오거나, 사촌 동생들과 놀러 가거나, 영화관을 가거나, 외식을 했다. 사소한 일일지라도 새로운 것을 보고 느끼고 경험하는 일이 일상적으로 있었다. 그러나 어떤 아이들에게는 오로지 혼자 하는 게임, 유튜브 세상이 전부였다.

아이들에게 더 넓은 세상을 알려 주고 싶었다. 하지만 어쩔 수 없는 현실을 내가 바꿀 수도 없는 노릇이었다. 그래서 나는 간접적인 경험이라도 선물해 주고자 노력했다. 예전 학창 시절을 돌이켜 봤을 때, 선생님들이 해 주시던 사적인 이야기나 무용담이 그렇게 재미있고 와닿았던 기억이 났다. 그것을 오마주해서, 나의 개인적인 경험들을 아이들에게 최대한 많이 이야기해 주려고 노력했다.

한 가지 일화가 떠오른다. 나는 연례행사처럼 매년 새롭게 만나는 아이들에게 '선생님이 어릴 때 서대문형무소에 다녀온 이야기'를 해주곤 했다. 초등학교 5학년 사회 교과서에 처음으로 우리나라 역사가 나오니 흥미도 돋울 겸 이야기를 해 주면 아이들이 무척 좋아했다. 한국인이라면 꼭 알아야 할 의미 있는 역사 유적지를 소개해 준다는 목적과, 서대문형무소가 나름 가깝고 방문하기 쉬우니 한번 가 보길 독려하는 목적도 있었다. 꾸벅꾸벅 졸던 아이도 일어나 눈을 반짝 빛내게 할 만큼 내 서대문형무소 이야기는 흥미로웠다고 자부한다. 이야기를 다 들은 아이들의 반응은 대부분 비슷했다. 첫 번째로, 아이들은 갑자기 애국심에 휩싸여서 얼굴이 붉게 달아올랐고, 이글이글 분노에 차 흥분했다. 두 번째로, 갑자기 역사의식이 고취돼 사회 수업을 진지하게 듣기 시작했다. 마지막으로 주말이나 방학 때 꼭 한번 서대문형무소를 가 봐야겠다며 양 주먹을 불끈 쥐었다. 유독 역사를 좋아하던 재연이는 수업이 끝난 뒤 직접 교탁 앞까지 와서 "선생님, 저 방학 때 서대문형무소 꼭 가볼 거에요!"라고 말하기도 했다. 순수한 열정이 참 기특하고 예뻤다. 하지만 안타깝게도, 그 결심들은 허공에 맴돌 뿐 실천되지는 못했다. 꼭 서대문형무소를 다녀올 거라며 선언하는 아이들은 많았지만, 그해에도, 그다음 해에도 정작 실제로 다녀왔다고 말한 아이는 단 한 명도 없었다.

학교를 옮긴 뒤 새롭게 만난 아이들에게도 똑같이 서대문형무소 이야기를 해 주었다. 이곳의 아이들도 눈을 반짝이며 무척 재미있게 이야기를 듣고 세 가지 반응을 똑같이 보였다. 잔뜩 흥분했고, 수업에 훨씬 집중했고, 서대문형무소에 다녀올 거라고 외쳤다. 그런데 한 가지 다른 점이 있었다. 이곳의 아이들은 세 번째 반응인 '꼭 한번 다녀올게요'라는 약속을 진짜로 실천했다. 가 보고 싶다는 마음을 먹은 아이를 가로막을 요소가 단 하나도 없는 모양이었다.

"선생님, 저 이번 주 금요일에 체험학습 가려고 신청서 가져왔어요."

"그래? 어디로 가니?"

"선생님이 서대문형무소 얘기해 주셨잖아요? 저 엄마한테 얘기했더니 이번 주에 한번 가자고 하셔서요."

이곳에는 경험에 대한 아이들의 의지와 욕구를 실현해 줄 조력자가 있었다. 그 이후로도 두세 명의 아이들이 서대문형무소를 목적지로 적은 체험학습 신청서를 가져왔다. 이렇게 곧바로 다녀올 수 있는 아이들도 있구나. 겉으로는 태연한 척했지만, 사실은 무척 놀랐다. 며칠 뒤 아이들이 제출한 체험학습 보고서에는 서대문형무소 역사관의 붉은 담벼락을 배경으로 찍은 사진이 여러 장 붙어 있었다.

또 다른 몇 명의 아이들은 방학을 이용해서 서대문형무소를 다녀왔다. 서윤이의 여름방학 일기에는 서대문형무소 역사관에서 어린이용 도슨트를 신청해서 관람하고 주변 독립문과 경복궁까지 다녀왔다는 내용이 빼곡하게 적혀 있었다. 굉장히 기억에 남는 시간이었던지 2학기 때 역사 수업을 듣는 서윤이의 태도가 남달랐던 기억이 난다. 서윤이는 교과서에 옛날 독립문의 흑백사진이 등장하자 "어! 선생님, 저 여기 가 봤어요!"라고 신나게 외쳤다. 아는 만큼 보이는 게 당연했다. 그런 서윤이의 모습 위로 이전 학교 아이들의 얼굴이 슬며시 겹쳐 보였다. 반짝반짝 빛나는 눈의 밝기나 열의에 찬 온도는 똑같았는데, 당장 경험해 보기엔 여건이 어려웠던 그 아이들이 떠올랐다.

여행이 숨 쉬듯 당연한 아이들이 있는 반면, 어디를 놀러 가

본 경험 자체가 드문 아이들도 많다. 각종 체험 시설에 대한 경험이 풍부해서 오감이 살아 있고 배경 지식이 가득 찬 아이들이 있는 반면, 기껏해야 유튜브 속 화면이 전부인 아이들도 있다. 호기심이 스쳐 지나간 빈자리를 경험으로 가득 채울 수 있는 아이들이 있는 반면, 경험의 기회조차 얻기 힘든 아이들도 있다.

사람들은 세상이 많이 달라졌다고 말한다. 수십 년 전 우리나라가 경제적으로 못 살았을 때나 학교 체험학습이 의미 있었지 요즘 세상에 가족과 여행 안 가는 아이가 어디 있냐고, 콘텐츠가 넘치는 시대에 경험할 거리가 얼마나 많냐고 조롱하고 타박한다. 그런데 이 시대에도 정말 여행 한번, 박물관 한번, 동물원 한번 못 가 본 아이가 있다. 가고 싶어도 갈 수 없는 여건의 아이가 생각보다 많다. 어쩌면 이 아이들에게는 학교가 경험의 동아줄일지도 모른다.

체험학습을 무작정 지지하는 건 아니다. 최근에는 한 초등학교의 현장체험학습 중 주차장에서 후진하는 버스에 학생 한 명이 치여 숨진 사고가 있었다. 너무나 안타까운 사고였다. 그런데 1심 판결에서 법원은 선두에서 학생들을 인솔하던 담임교사에게 유죄를 선고했다. 공직을 수행하다 책임을 다하지 않았다는 불분명한 이유로 처벌을 받게 된 것이다. 교권이 보호받지 못하고 이렇듯 무한한 책임만이 존재하는 지금의 상황에는, 한 명의 교사로서 체험학습을 반대할 수밖에 없다.

하지만 가끔 학교의 경험이 전부였을 아이들을 떠올리면 서글퍼진다. 서로의 상황을 헤아릴 마음의 여유가 사라지고 냉담해질수록 이미 소외된 아이들은 더욱 소외될 수밖에 없음을 느낀다. 여건에 따라 경험의 기회조차 달라지는 세상이다. 매정하게도, 아이들의 세계에서부터 그 차이는 도드라진다.

사진 배경이 하수구인 건에 대하여

바야흐로 '에듀테크(교육 정보 기술)'의 시대다. 오늘날의 교실은 90년대생인 나의 어린 날과 비교할 수 없을 만큼 진화했다. 학교에 내려오는 예산 중 상당한 비중이 에듀테크 관련 인프라를 구축하거나 프로그램을 마련하는 데 사용된다. 교실마다 와이파이 설치는 물론이고 교실 한쪽에 자리 잡은 큼지막한 철제 충전함에는 아이들 수만큼의 개별 태블릿과 노트북이 준비돼 있어 필요하면 언제든 꺼내 쓸 수 있다. 지금의 초등학생들은 훗날에 컴퓨터실보다 '에듀테크실'이나 'VR·AI 교실'을 더 추억하게 될지도 모를 일이다.

물론 아직 논란의 중심에 있는 AI 디지털 교과서 같은 사례도 있지만 한 가지 분명한 사실은 수업 운영 환경이 생각보다 더 빠르게 바뀌고 있다는 것이다. 구조적인 준비는 거의 끝났다. 그리고 이제 가장 중요한 질문이 남아 있다. 바로 '어떤 프로그램을 사용하여 가르칠 것인가?'이다.

    교육과정 성취 기준을 충족하는 수업을 위해 어떤 프로그램을 사용할 것인가. 교육부도, 지역 교육청도, 사교육 시장도 이 물음에 주목하고 있다. 그런 까닭에 학교에서 쓸 만한 교육용 앱이나 학습 관련 프로그램이 매우 전투적으로 개발되고 도입되는 중이다. 도매시장 상인이 좌판에 채소나 생선을 양껏 깔아 두고 구매해 줄 손님을 기다리듯이, 오늘날의 학교는 에듀테크의 도매시장처럼 여러 프로그램을 깔아 두고 교사와 아이들의 선택을 기다린다.

    '어플이나 프로그램이 실제로 학습에 유의미한 도움이 되는가?'와 같은 효용성 문제는 논외로 치겠다. 긍정적이라는 결과를 도출하기엔 이 모든 것이 학교에 도입된 세월이 너무 짧을뿐더러 판단을 내릴 기준과 근거도 마땅치 않다.

    그래도 한 가지, 학교 현장에서 일하는 사람으로서 바로 체감 중인 장점이 있다면 다수의 아이가 디지털 기기나 에듀테크 프로그램에 열광한다는 점이다. 학습에 흥미가 없는 아이들도 태블릿만 켜면 꼼지락꼼지락 따라 하려고 노력한다. 연필과 종이로 수학 학습지를 풀 때보다 태블릿의 터치 펜으로 문제를 풀 때 더 집중하는 아이들이 있다. 흰 도화지에 그림을 그리는 것보다 디지털 드로잉에 더 몰입하는 아이들도 있다. 이 정도면 학습자의 '동기

유발' 내지는 '능동적인 참여' 면에서의 효과는 꽤 우수할지도 모른다. 배터리로 작동하는 도구들에 대한 원초적인 흥미는 무시할 수 없다.

그해 6학년 아이들도 태블릿을 활용한 수업을 무척 좋아했다. 다른 지역의 아이들에 비해 경험의 기회가 적었던 우리 반 아이들에게 태블릿은 마치 구급상자 속 상비약 같은 물건이었다. 필요할 때마다 꺼내 쓸 수 있고 효과도 그럴듯했다. 아이들은 태블릿을 이용해 필요한 정보를 검색했고, 영어 회화 연습을 했고, 간편하게 발표 자료를 만드는 방법을 배웠다. 모둠 활동을 위해 조사한 자료를 모아 쉽게 편집했고 미술 작품을 만들어 서로의 결과물을 효과적으로 공유하기도 했다. 세상과 연결되는 통로이자 공유의 장으로서 학습을 더욱 즐겁게 만들어 주는 이 도구들을 그 당시 나와 아이들이 마음에 들어 하지 않을 이유는 없었다.

하지만, 맹목적인 애정이 시야를 가릴 때가 있는 법이다. 획기적이고 매력적인 도구들 속에 푹 빠져 있던 어느 날, 생각지 못한 상황을 마주하게 되었다.

우리 반 아이들은 그 당시 '패들렛(Padlet)'이라는 프로그램에 열광했다. 패들렛은 여러 사람의 작업물을 한눈에 볼 수 있는 공유 플랫폼인데, 마치 칠판에 포스트잇을 여러 장 붙여 놓은 모습처럼 한꺼번에 다수의 의견을 나눌 수 있어 무척 편리했다. 우리 반은 주로 미술 시간에 완성한 작품을 함께 감상하는 용도로 패들렛을 활용했다. 각자 미술 작품을 완성한 뒤 사진으로 찍어 올리면 서로 칭찬 댓글을 달아 주고 하트 버튼을 누르며 미술 시간을 보냈다. 아이들은 패들렛으로 소통하는 일을 무척 즐거워했다.

어느 10월의 미술 시간이었다. 그날은 '토퍼'를 만들기로 한 날이었다. 토퍼는 길쭉한 막대기 위에 글씨와 그림을 꾸며 붙인 것으로, 투명하게 배경이 비쳐 사진을 찍을 때 소품처럼 활용되는 물건이다. 요즘은 여행지에서 감성 넘치는 사진을 찍는 데 장식품으로도 많이 사용돼서 아이들이 무척 기대한 미술 활동이었다.

가을을 맞아 단풍과 보름달, 다람쥐가 그려진 토퍼를 만들기로 정했다. 하늘이 높아지는 가운데 야외에서 사진 찍기 딱 좋은 계절이었다. 단풍의 노란빛, 붉은빛이 가득한 배경으로 토퍼를 들고 사진을 찍으면 아기자기하게 예쁠 것이 분명했다.

본격적인 활동을 시작하려던 찰나, 유진이가 눈을 초롱초롱 빛내며 물어 왔다.

"선생님, 저희 다 만든 거 패들렛에 올릴 거죠?"

그새 패들렛을 이용해 작품을 보여 주는 것에 익숙해진 모양이었다.

"올리면 좋지! 서로 어떻게 만들었는지 구경도 하고."

나는 당연히 그러면 좋겠다고 대답했다. 거절할 이유는 없었다. 유난히 미술을 좋아하던 아이들이었는지라, 두 시간 동안 무척 집중해서 작품을 만들었다. 다만, 꼼꼼히 오리고 붙여야 하는 일이 많아 학교에서 다 하기에는 시간이 조금 부족했다. 한참 열심히 만들던 준수가 물었다.

"선생님, 미술 시간에 다 못 한 거요, 집에 가서 완성한 다음에 사진 찍어 올려도 되나요?"

"네, 그러면 주말까지 올려 주세요."

돌이켜 보면, 조금 신중하게 대답하는 것이 좋을 뻔했다. 월요일 아침이 되자 아이들은 주말 동안 서로가 올린 사진을 보자고 아우성을 쳤다. 스물여섯 개의 작품 사진은 화면에 옹기종기 모여 있었는데, 대부분 집에서 토퍼를 들고 창문 쪽의 풍경을 향해 찍은 사진이었다. 구름 한 점 없이 맑은 하늘을 배경으로 찍은 사진, 놀이터에서 울긋불긋한 단풍을 배경으로 찍은 사진, 자기 방 벽지를 배경으로 찍은 사진까지, 알록달록한 작품을 다 같이 구경하는 재미가 쏠쏠했다.

하나씩 하나씩, 천천히 넘기며 감상하던 중이었다. 평범한 사진들 속에서 눈에 묘하게 걸리는 몇 개의 사진이 나타나기 시작했다. 첫 번째는 준수가 찍어 올린 사진이었다. 여느 아이들과 다를 바 없는 평범한 구도의 사진이었는데, 네모난 프레임 속 바깥 풍경이 한순간 눈에 들어왔다. 미처 생각하지 못한 모습이었다. 준수가 들고 있는 토퍼의 뒤쪽으로 어두컴컴하고 얼룩덜룩한 아스팔트 위 맨홀 뚜껑이 보였다. 처음에는 배경에 왜 맨홀 뚜껑이 보이는 것인지 이해되지 않았다. 그러려면 사진을 찍은 준수의 시선이 맨홀 뚜껑보다 아래에 있어야 했다. 문득, 준수의 현장체험학습비를 학교에서 지원해 주었던 일이 생각났다.

"야, 김준수! 하늘에 대고 찍어야지!"

"아, 그런가? 몰랐어!"

평소 어수룩한 편이던 준수에게 장난 섞인 질타가 돌아왔고 준수는 민망한 듯 웃었다. 크게 개의치 않는 아이들과 달리 내 마음은 불편해져만 갔다. 집에서는 사진을 찍지 말라고 해야 했을까, 괜히 준수가 사는 곳의 환경을 공개하게 만든 건 아닐까, 그냥 예전처럼 교실에서 함께 보고 말 걸 그랬나, 난처했다. 조금씩 후회가 밀려오기 시작했다.

그럼에도 손가락은 계속 다음 사진으로 넘기는 오른쪽 화살표를 눌렀다. 뒤이어 윤성이의 사진이 화면에 크게 비쳤다. 노랗게 색칠한 은행잎 장식 너머로 창문의 모기장이, 모기장 너머로 칠이 벗겨진 배수관과 하수구가 보였다. 검붉은 색의 벽돌에는 세월의 흔적이 만연했다. 주말에 내린 비 때문인지 추적추적 어두워진 아스팔트 바닥과 땅에 굴러다니는 과자 봉지가 왠지 모르게 을씨년스러운 분위기를 자아냈다.

"홍윤성, 너도 하늘에 대고 찍어야지!"

"야, 윤성아! 이건 최대한 예쁘게 찍는 게 포인트야!"

"왜? 토퍼만 잘 만들면 된 거 아님?"

이번에도 몇몇 장난 섞인 질타가 들려왔고, 윤성이는 재치있게 받아쳤다. 다행히 아이들은 배경보다는 작품 자체가 더 눈에 들어오는 모양이었다. 어쩌면, 쾌청한 가을 하늘 아래 새로 지은 아파트 단지에서 찍은 사진들과 눈높이에 맨홀 뚜껑과 하수구가 보이는 사진들의 묘한 차이는 자본주의사회에 익숙해진 성인에게만 보이는 것이라 다행일지도 몰랐다.

'무조건 하늘을 배경으로 찍으라고 말했어야 했는데…' 괜히 아이들의 사생활을 공개하게 만든 것 같았다. 미안함과 속상함이 마음속을 빙빙 맴돌았다. 하지만 지금에 와서 준수와 윤성이에게 하늘을 배경으로 찍었어야 한다고 조언하고 싶진 않았다. 이 아이들 나름대로 자신들의 하늘을 보고 최선을 다해 찍은 사진이었을 테니까 말이다.

이때부터였다. 나는 점점 온라인으로 작품의 결과물이나 사진을 공유하는 일이 불편하게 느껴지기 시작했다. 특히 아이들의 집에서 해야 하는 일이거나, 그들의 생활을 은연중에 드러낼 가능성이 있는 일이라면 더더욱 말이다. 특별한 고민 없이, 새로운 것이면 무조건 좋겠지 하는 마음으로 꺼내 들었던 도구는 내게 부끄러움과 후회를 안겨 주었다.

에듀테크의 시대에 새로운 기술은 한없이 발전하고, 더없이 다양해진다. 세상은 학교가 혁신의 공간으로 변모하길 원한다. 앞으로는 교실 안에서도, 밖에서도, 각종 기술이 접목된 새로운 도구들이 널리 활용될 것이다.

그런데 가끔은 겁이 난다. 연결과 소통이라는 이름으로 공개하고, 공유되는 것이 많아지는 과정에서 혹여 상처받는 아이들이 생길까 두렵다. 굳이 몰라도 되는 개인정보와 사생활이 자랑스레 전시될까 봐 두렵다. 아이들 사이에서 의도치 않은 편견이나 또 다른 격차가 생겨날까 두렵다. '최신 도구도 사용할 줄 아는 교사'라는 타이틀에 취해 진짜 본질적인 무언가를 놓칠까 봐 두렵다. 숙고할 시간도, 교육적 근거도, 예상되는 부작용에 대한 방비책도 없이 교실로 범람해 오는 기술들을 지금처럼 환영해도 괜찮은 것일까.

쉴 새 없이 밀려오는 새로운 문명의 물결 앞에 아이들이 무탈하게 유영할 공간을 마련하는 일은 우리 어른들의 몫일 테다. 좋은 기술을 만들어 내는 일도, 사용하는 일도, 공유하는 일도 중요하지만, 그 주체가 아이들이라면 혹시 모를 사각지대도 경계해야 한다.

사각지대의 아이들은 말이 없다. 눈앞에 보이는 화려함에 취해 정작 중요한 가치를 놓치고 있는 것은 아닌지 곰곰이 생각해 볼 지점이다.

테슬라, 루이비통, 아이폰을 말하는 아이들도 있다

나는 물질이 만능열쇠처럼 여겨지는 세상을 경계했다. 사람보다 돈이 우선시되거나 값비싼 물건이 우월감을 뽐내는 수단이 되는 것을 꺼렸다. 물질의 힘이 인간사를 지배할 수 없다 믿었고, 세상의 끝에 마지막으로 남는 것은 돈으로 매길 수 없는 어떤 인간다운 가치들이라고 굳게 믿었다. 누군가는 자본주의가 절정을 이룬 시대에 참 어수룩한 생각을 한다며 비난할지도 모르겠다. 그럼에도 나는 인간성, 도덕성, 사랑, 양심, 타인을 배려하는 마음, 열정과 노력처럼 형태 없는 무언가를 동경했고, 추앙했다.

그 굳은 믿음에 처음으로 금이 간 것은 스무 살, 대학교에 입학했을 때였다. 학창 시절을 보냈던 정겨운 동네를 벗어나 처음으로 미지의 장소에 발을 디뎠다. 같은 해에 태어났지만 서로 다른 환경 속에 살아 온 사람들이 모인 공간에서 나는 이유 모를 괴리감을 느꼈다. 그 계기는 참 사소했다. 학창 시절에 다닌 학원이나 받았던 용돈, 외국어 학습과 관련된 경험 같은 것들이었다. 그들의 몸에 자연스레 배어 있던 낯선 문화들, 남다른 배경 지식의 폭과 경험의 깊이, 그들에게는 너무 당연해서 물어보기도 민망한 삶의 궤적들을 보며 말로 표현할 수 없는 어떤 차이를 처음 느꼈다. 그것은 나서서 자랑하지 않아도 자연스럽게 풍겨 오는 향기 같은 것이자 피하려야 피할 수 없는, 사람과 사람 사이의 다름이었다.

다행히 교육대학은 하나의 목표를 바라보는 곳이었다. 비교나 경쟁보단 동행을 우선시했다. 혼란스러운 감정들은 금방 흩어졌고, 흔들리던 가치관도 점차 되돌아왔다. 시간이 흘러 교단에 선 후, 다시는 느끼지 않을 것 같았던 그 이질감을 아주 오랜만에 마주하게 되었다. 그 계기는 학교 이동이었다.

공립학교 교사는 5년마다 한 번씩 발령지를 옮기며 익숙함을 버리는 연습을 해야 한다. 이전 학교에 사고방식과 습관을 맞춰왔지만, 별수 있으랴. 겹겹이 쌓인 추억과 아쉬움은 뒤로하고 새로운 곳에 맞춘 생활을 해 나갈 준비를 했다.

하지만 익숙함은 관성과 같아서 쉽게 거스를 수 없는 것이었다. 지난 5년간 살았던 세상 밖으로 나와 보니 나는 마치 성직자 같은 교사가 되어 있었다. 경제적 어려움, 불우한 가정환경, 무방비한 미디어 노출, 거친 말과 행동이 흔했던 아이들과 학군의 분위기가 어느새 나를 투철한 소명 의식과 헌신적인 봉사 정신을 가진 교사로 만들어 놓은 것이다. 내게 아이들이란 가르침보단 보살핌을 주어야 하는 존재들이었다.

새로운 곳의 아이들은 결이 완전히 달랐다. 표정은 그늘 하나 없이 밝았고, 반짝이는 눈빛은 '저 선생님은 어떤 선생님일까?', '올해 5학년 생활은 어떨까? 궁금하다!'라는 순수한 호기심으로 일렁거렸다. 쉬는 시간의 모습을 지켜봐도 그랬다. 모난 구석 없이 편안해 보이는 그 모습이 너무 어색하게 느껴졌다. 하지만, 나는 그 설렘 가득한 신호를 맘껏 받아 줄 여유가 없었다. 이유 없이 조급했고 불안했다. 공부를 가르쳐 주기보단 관심과 사랑을 주고, 가정에서 못 한 경험을 할 수 있게 해 주고, 경제적으로 도움을 줄 방법을 가장 먼저 고민하는 교사 정체성에 너무나 익숙해져 있었다. 가르침보다 아이들의 복지에 치중되어 있던 무의식은 새로운 학교에서도 불쑥불쑥 드러나곤 했다.

그런데, 견고하다고 생각한 정체성은 예상외로 빠르게 균열이 가기 시작했다. 참 우습지만, 그 시작점은 바로 '테슬라'였다. 맞다. 일론 머스크의 전기차로 유명한 그 브랜드다.

새로운 학교에 출근한 지 얼마 지나지 않은 3월 중순, 아이들과 한창 서먹한 시기였다. 항상 첫 번째로 등교하던 붙임성 좋은 하늘이가 교탁 앞으로 오더니 태연하게 말을 걸었다.

"선생님! 주차장에 테슬라요, 혹시 선생님 차예요?"

"어… 아닌데?"

"아, 그래요?"

"응. 왜?"

"아뇨, 그냥 제가 테슬라 좋아해서요."

별생각 없었다는 듯 다시 제자리로 돌아가 읽을 책을 꺼내는 하늘이를 보며, 방금 질문이 귀에 낯설게 들렸다는 것을 깨달았다. 가만히 질문을 곱씹기 시작했다. 고민도 잠시, 나는 '테슬라'라는 단어를 들었다는 사실 자체에 충격을 받았다는 걸 깨달았다. '잠깐, 테슬라?' 이전까지는 이런 유형의 이야기를 단 한 번도 들은 적이 없었다. 학교에서 5학년 아이에게 테슬라 차를 타냐는 질문을 받다니. '5학년이 테슬라 차를 좋아하는 경우도 있나? 어떻게 차에 관심이 생겼지? 부모님이 평소에 자동차를 좋아하시나?' 생경한 위화감으로 시작된, 꼬리에 꼬리를 무는 질문들을 누르고 생각했다. 그래, 그냥 하늘이가 유독 자동차에 관심이 많은 아이일 것이다.

하지만 그다음은 '루이비통'이었다. 우리 반을 상징하는 로고 만들기라는 주제로 미술 수업을 하는 중이었다. 가장 투표를 많이 받은 작품은 학급 밴드 메인 사진으로 올려 준다고 하니 아이들의 눈이 열의로 불타올랐다. 그때, 유찬이가 질문을 하나 했다.

"선생님, 저 인터넷 참고해도 되나요?"

"어떤 것 참고하려고?"

"아, 루이비통 마크 있잖아요. 그거처럼 문양이 연속적으로 들어가면 예쁠 것 같아서, 비슷하게 해 보려고요."

아뿔싸, 루이비통이라니. 이건 테슬라보다 더 예상할 수 없었던 단어였다. 간혹 본인이 무언가를 알고 있다는 사실 자체를 과시하기 위해 말을 꺼내는 아이들도 분명 있었다. 하지만, 유찬이의 순진무구한 눈빛과 평소의 착실한 태도를 생각하면 절대 허세나 자랑을 위한 말이 아니었다. 다른 의도가 없는 순수한 질문이었다. 그냥 평소에 들어 봤던 브랜드인 루이비통 로고를 참고해서 작품을 만들고 싶을 뿐이었을 거다. '여기 아이들은 참 아는 것도 많구나.' 쉽게 적응이 되지 않았다. 그렇게 교실에 내뱉어진 루이비통이라는 단어는 테슬라에 이어 내 교사 정체성에 선명한 균열을 내고 사라졌다.

정점은 요즘 아이들의 선망의 대상인 '아이폰'이었다. 웬일인지 아침 시간이 소란스러웠다. 혜성이가 새로운 아이폰을 샀다며 친구들에게 자랑하는 중이었다. 멀리서 슬쩍 보니 '나는 최신형이에요'라고 쓰여 있는 듯, 새것의 티가 물씬 나는 은빛의 아이폰을 손에 쥐고 있었다. 나는 당연히 아이들이 혜성이를 부러운 시선으로 바라보고 있을 것이라 예상했다. 지난 학교에서도 그랬으니 말이다.

"혜성아, 이게 프로 맥스지? 나도 이번 주에 사러 가는데, 실제로 보면 무슨 색이 제일 예뻐?"

"아, 나도 기다렸다가 살걸. 이번에 나온 게 더 좋아 보인다."

"나는 아빠가 평일에 시간이 안 돼서 주말에 사 주신대!"

완벽한 착각이었다. 아이들의 자연스러운 반응 속에 부러움이나 시기, 질투는 눈을 씻고 찾아봐도 없었다.

지난번 학교의 아이들에게 아이폰은 쉽게 얻을 수 없는 꿈의 물건이었다. 감히 올라갈 수 없는 높은 나무에 대롱대롱 매달린 황금 열매 같은 것이었다. 앵무새처럼 아이폰을 갖고 싶다고 재잘거리면서도 '그거 비싸서 못 사', '어떻게 사'가 무조건반사처럼 되풀이됐던 이전 교실의 분위기가 문득 떠올랐다. 반면 이곳의 아이들은 실제로 아이폰을 가질 여력이 되는 모양이었다. 아니, 적어도 아이폰을 갖고 싶다고 부모님께 당당히 말할 수 있는 분위기였다. 이 모든 상황에 의문을 가지는 것조차 실례일 정도로 당연한 모습들에 나는 압도되고 말았다.

이 외에도 참 여러 가지 순간이 있었다. 일 년에 여러 번 해외여행 체험학습 신청서를 내는 아이들, 취미로 악기를 하나쯤 다루고 무용을 배우고 스포츠를 즐기는 아이들, 한 달에 한두 번 야구 경기를 관람하거나 뮤지컬과 콘서트를 경험하는 아이들, 주말에 부모님과 시간을 맞춰 박물관, 스케이트장, 놀이공원, 캠핑 등 각종 문화생활을 만끽하는 아이들. 이곳에서는 가능했고, 너무 당연한 일이었다. 전과 달리 이곳에서 아이들에 대한 나의 헌신과 도움은 부차적일 수밖에 없었다. 아니, 사실 내가 필요 없는 자아를 새로운 곳까지 꾸역꾸역 데리고 온 걸지도 몰랐다.

이렇게 나의 정체성은 다시 만들어지기 시작했다. 이곳에서는 투철한 소명 의식이나 헌신적인 봉사 정신을 발휘할 필요가 적어도 이전 학교에 비해서는 덜했다. 어쩌면 이제야 진짜 '가르침'에만 집중해도 괜찮은 곳으로 온 걸지도 몰랐다. '테슬라, 루이비통, 아이폰을 말하는 것이 뭐 그리 대수라고.' 하지만 가벼이 여기기엔 피부로 와닿는 격차가 실로 컸다.

아이들의 말과 행동을 들여다보면 살아온 환경과 체득한 경험들이 다르다는 게 쉽게 드러난다. 그런데 이 다름이 묘하게 씁쓸해질 때가 있다. 이곳의 아이들은 그저 여유 있는 환경에서 태어나 자연스레 많은 것을 보고 자랐을 뿐이다. 부족한 것 하나 없이 자랐음에도 마음속에 피어나는 동경심을 목격하고 충격에 빠졌던 나의 스무 살 시절이 떠올라 괜히 기분이 뒤숭숭했다.

가지고 싶은 것을 말할 수 있는 아이들과 내색할 수 없는 아이들, 타고나길 많은 기회가 주어진 아이들과 학교의 경험이 전부인 아이들, 사랑과 관심에 익숙한 아이들과 마음속에 틈새가 있는 아이들. 내 역할은 새롭게 만나는 아이들이 필요로 하는 선생님이 되어 주는 것이었다. 적어도 이곳에서는 보살핌의 가면을 벗고 가르침의 가면을 써야 한다는 것이 확실했다. 그런데 왜 후련함보다는 허전함이 더 크게 느껴졌는지는 모를 일이다.

지금도 나는 세상의 끝에 마지막으로 남는 것은 돈으로 매길 수 없는, 어떤 인간다운 가치들이라고 믿는다. 하지만 이제는 우리가 살아가는 현실 속에서 물질의 가치를 결코 간과할 수 없음도 안다. 자본주의의 절정으로 치닫는 이 세상이 돈 없는 자를 가만히 놔두지 않는다는 사실도, 제 나름의 소신을 지키며 흔들리지 않고 사는 것이 얼마나 어려운 일인지도 이제는 어렴풋이 안다.

지극히 당연한 현실에 거창하게 의미를 부여할 필요는 없다. 동정도, 위로도, 격려도, 응원도 모두 위선일지 모른다. 그저 소망한다. 세상에 펼쳐진 무한한 다름의 굴레 속에서 아이들이 자책하거나 불행하지 않기를, 격차에 무릎 꿇지 않기를, 불공평함에 매몰되지 않고 하고 싶은 것을 해 나가는 데 한 치의 머뭇거림도 없기를, 어떠한 상황에서도 스스로가 한없이 귀하고 소중한 존재라는 걸 알며 살기를.

두 곳의 아이들 모두 행복할 자격이 있다. 언젠가는 나도, 두 곳의 아이들 모두에게 편안히 다가갈 수 있는 교사가 되고 싶다는 생각도 해 본다.

Chapter 3

백 명의 삶,
백 가지 예외
앞에서

평범, 보통, 평균, 일반…. 공교육을 대리하는 장소인 학교의
이미지를 떠올렸을 때, 잘 어울린다고 생각했던 낱말들이
어쩌면 가장 동떨어진 것일 수도 있음을 깨닫는다.
'진짜' 교실의 모습과 평범을 표상하는 낱말들 사이에는
크나큰 괴리가 있다. 백 명의 아이들에게는 백 개의
세상살이가 있다. 교실에는 존중받아야 하는 예외가 있다.

계절의 옷차림을
가르쳐야 한다는
슬픔

"우리나라의 좋은 점은 무엇이 있을까요?"

초등학교에 다닐 때, 선생님들께서 항상 물어보셨던 단골 질문이다. 우리나라의 좋은 점이라, 골똘히 생각하던 친구들의 대답에 빠지지 않고 등장했던 주제는 바로 사계절의 존재였다.

시간이 흘러 교사가 되고는 나도 가끔 아이들에게 '우리나라의 좋은 점은 무엇이 있을까?' 물어보곤 한다. 기후변화 때문에 봄과 가을이 온전히 느낄 수 없을 만큼 짧아졌음에도 불구하고, 아이들의 입에서는 그 옛날과 비슷한 대답이 여지없이 나온다. 마치 한국인이라면 그렇게 대답해야 한다는 것처럼.

"선생님! 우리나라는 봄, 여름, 가을, 겨울, 사계절이 있어서 좋아요!"

사계절이 있으면 도대체 무엇이 좋은 걸까. 1년 내내 풍경이 똑같으면 지루하니, 이왕이면 다채로운 산과 들을 감상할 수 있는 편이 좋다는 것일까. 계절에 따라 무더운 여름에는 바다나 계곡에서 물놀이를, 눈 덮인 겨울에는 스키나 눈썰매, 하다못해 강에서 얼음낚시라도 즐길 수 있는 취미의 변주가 매력적이어서일까. 나의 개인적인 생각을 묻는다면 겨울에는 딸기를, 여름에는 수박을, 가을에는 단감을 더 맛있게 먹을 수 있어서 좋다고 대답하겠다. 예민한 피부 때문에 계절이 바뀔 때마다 적응에 시간이 조금 걸린다는 것, 장롱 옷 갈이를 하는 게 조금 번거롭다는 것만 빼면 사계절은 나에게도 나쁜 점보다는 좋은 점이 많은 삶의 일부분이었다.

그렇게 나름대로 견고하다고 여겼던 사계절에 대한 호감은 어느 해 6학년 담임을 맡게 된 첫날, 처음으로 그 이면을 마주하며 조금씩 달라지기 시작했다. 우리 반에는 전교에서 유명한 특수학급 아이 성준이가 있었다. 성준이는 그야말로 자유로운 영혼의 대명사였다. 천진난만한 얼굴과 대비되게 예측을 불허하는 행동으로 교사들의 심장을 들었다 놨다 하는 타입이었다. 가장 큰 근심거리는 학부모님이 성준이에게 지독하게 무관심하다는 점이었다. 부모를 대신하여 학교 선생님들이 성준이의 일거수일투족에 관심을 기울일 수밖에 없었다.

새 학기 첫날이었다. 우려했던 것과 달리 성준이는 새로 배정받은 6학년 교실을 잘 찾아서 등교했다. 그날따라 일찍 등교한 성준이는 교탁 앞까지 성큼성큼 걸어와 내게 고개 숙이며 '안녕하세요!'라며 우렁찬 목소리로 인사했다. 의젓하고 예의 바른 모습이 기특해 폭풍 칭찬을 해 주려던 찰나, 나는 그만 성준이의 옷차림을 먼저 보고야 말았다. 성준이는 아직 겨울 끝자락이 머무는 3월에, 찬 바람이 이토록 매섭게 부는 날에, 30도가 넘는 한여름에나 어울릴 반팔 티셔츠와 발목이 허옇게 보이는 7부 바지를 입고 있었다. 성준이의 얇은 팔뚝에는 닭살이 잔뜩 돋아 있었다. 보통 추운 날씨가 아닌데 집에서 여기까지 어떻게 걸어온 걸까. 성준이는 입술이 파래져 이까지 덜덜 떨고 있었다.

"성준아, 지금 계절이 무슨 계절이지?"

"몰라요!"

"성준아, 오늘 학교 올 때 날씨 어땠어? 추웠어, 더웠어?"

"추워요!"

"그런데 왜 이렇게 옷을 짧은 걸 입고 왔어?"

"몰라요!"

성준이는 감각적으로 춥고 더움을 느낄 수는 있어도 지금 계절이 어떤지, 기온에 맞춰 어떤 옷을 입어야 하는지 인지하기 어려운 것이 분명했다. 그렇다면 주변 어른들이 성준이에게 알려 줘야 하는 것이 아닌가. 최소한 누군가는 '김성준 어린이, 아직 추운 겨울이니까 두꺼운 후드 티에 긴바지를 입고 패딩을 걸치고 가세요.'라고 이야기해 줬어야 하는 것 아닌가. 성준이의 집에는 계절에 맞는 옷을 챙겨 줄 어른이 한 명도 없는 게 확실했다.

교실은 하나둘씩 등교한 아이들로 채워지기 시작했다. 성준이의 닭살 돋은 팔뚝과 다른 아이들의 두툼한 스웨터와 패딩 잠바가 같은 공간에 있다는 것이 묘하게 마음에 걸렸다. 곧바로 특수반 선생님께 전화를 드렸다. 다행히 특수반 교실에는 급한 상황에서 사용하려고 준비해 둔 여분의 걸칠 옷이 있었다. 성준이는 그 옷을 받자마자 지퍼를 목 끝까지 채우고 양 주머니에 손을 꼭 넣었다. 나는 성준이의 눈을 똑바로 바라보며 추운 날씨에 어떤 옷을 입어야 하는지 가르쳤다. 아니, 주입했다.

"김성준, 선생님이 3월은 무슨 계절과 비슷하다고 했지?"

"겨울!"

"맞아, 겨울에는 옷 어떻게 입어야 해? 내일 옷 어떻게 입고 올 거야?"

"긴 옷, 잠바!"

"그래, 내일은 꼭 긴팔, 긴바지, 패딩 잠바 입고 와야 해. 양말 신는 것도 잊지 말고. 알았지?"

"네!"

그렇게 성준이가 겨울 옷차림을 이해하고 날씨에 맞는 옷을 입고 등교하는 데 2주의 시간이 걸렸다. 이제는 따뜻함과 서늘함이 공존하는 봄의 옷차림, 그다음에는 무더운 여름의 옷차림을 가르칠 차례였다.

가르치는 것은 수십 번도 반복할 수 있었다. 하지만 내가 성준이의 삶에서 '옷차림'을 처음 가르쳐 준 교사는 아닐 것이란 생각이 문득 들었다. 재작년, 작년 선생님도 충분히 가르쳐 주었을 내용이라 생각하니, 마음이 답답해져 왔다. 올해 옷 입는 방법을 열심히 연습한다고 해서 내년에는 알아서 잘 챙겨 입게 될지 확신이 들지 않았다. 과연 이런 아이가 성준이 하나뿐일까. 지금도 대한민국의 수많은 교실로 얇은 옷을 입은 채 등교하고 있을 아이들을 상상하니 그저 먹먹했다. 그때 처음으로 생각했다. 사계절을 보내는 일은 그렇게 간단하지만은 않다고. 마냥, 낭만적이지만은 않다고.

어느 겨울에는 이런 일이 있었다. 입동이 막 지났을 무렵, 학교 정문이었다. 출근 시간이 몇 분 남지 않아 종종걸음을 치고 있는데 한 아이가 큰 소리로 나를 불러 세웠다.

"선생님! 안녕하세요!"

목소리만 들어도 우리 반 태환이라는 것을 알 수 있었다. 태환이는 외국에서 오신 어머니랑 둘이 사는데, 가정 형편이 어려워 지역에서도 여러 가지 지원을 받는 아이였다.

"그래, 안녕!"

가볍게 인사를 하고 교실로 발걸음을 재촉하는 찰나, 무심코 태환이의 발이 시야에 들어왔다. 운동화도 양말도 아닌, 여름 샌들을 삐죽이 비집고 나온 맨발가락이 눈에 걸리고 말았다. 이 추운 날씨에 맨발이라니, 차마 못 본 척 지나칠 수 없었다. 태환이가 민망해할까 싶어 최대한 태연한 척 말을 걸었다.

"태환! 학교 일찍 오네?"

"네, 저 원래 집에서 빨리 나와요."

"오, 훌륭한데? 근데 태환아, 너 신발 뭐야? 춥진 않아?"

"아, 이거요? 네, 안 추워요."

태환이는 6학년 남자아이들 특유의 허세를 부리며 아무렇지 않은 척 대답했다. 하지만 조금은 당황한 눈치였다. 그리고 아무렇지 않다는 말투로 넌지시 한마디를 덧붙였다.

"저는 하나도 안 추워요. 아 근데 선생님, 이제 샌들 신으면 안 됐었나요?"

날씨가 추워지면 샌들을 운동화로 바꿔 신어야 한다는 걸, 태환이는 몰랐던 모양이다. 이 간단한 조언을 말해 줄 어른이 주변에 없었던 모양이다. '그것도 몰랐어?'라거나 '이제 6학년이면 알아서 해야지!'라며 태환이를 나무라고 싶지 않았다. 그저 속으로, '이놈의 변화무쌍한 계절이 문제네.'라고 생각했을 뿐이다.

내가 지금 만나는 아이들은 그 누구보다 사계절에 맞게 옷을 잘 입고 다닌다. 여름에는 시원하고 깨끗하게, 겨울에는 따뜻하고 포근하게. 쌀쌀한 바람이 불어오는 봄과 가을에는 가볍게 걸치는 옷도 참 야무지게 잘 챙겨 입고 온다. 교실에 도착하자마자 '더운데 엄마가 입으라고 했어요!'라는 말과 함께 아무렇게나 의자에 팽개쳐 놓는 바람막이들을 보고 있으면, 그조차도 저 아이가 받고 있을 관심과 사랑인 것만 같아 가슴 한쪽이 찡하게 떨려 온다. 아마 오늘은 이 옷을 입고 가면 더 따뜻할 것이라고 일러주는 친절한 어른이 있을 터였다.

어떤 아이들의 사계절은 가혹하다. 스스로 터득할 때까지 옆에서 친절하게 가르쳐 줄 어른이 없는 아이라면, 계절의 변화를 이해하지 못하고 춥고 더움을 표현하기 어려워하는 아이라면, 계절에 맞는 옷을 때맞춰 살 수 없는 환경에서 사는 아이라면, 영문도 모른 채 남들보다 더 덥고 더 추운 계절을 보내게 될지도 모를 일이다.

이따금, 공기에 겨울 냄새가 묻어 올 때면 성준이의 닭살 돋은 팔과 태환이의 빨개진 발가락이 생각난다. 점점 더 추워지는 영하 날씨에 겉옷은 잘 챙겨 입고 다니는지, 양말은 잘 신고 다니는지 궁금하다.

애초에 계절이 하나면 복잡하지 않을 텐데. 실없는 상상도 해 본다. 지금도 어디선가 학교로 종종걸음 치고 있을 세상의 모든 성준이와 태환이가, 앞으로 더 뜨거워질 여름과 더 추워질 겨울을 온전히 나길 바란다.

교실에는
　　　　　　　　경계에 선
　　　　　　　　아이들이 있다

　　날씨 좋은 봄날, 높은 곳에 올라가 넓게 펼쳐진 들판을 내려다 보면 세상이 온통 초록빛으로 물든 것처럼 보인다. 바람이라도 불어올 때면, 땅을 딛고 돋아난 무수한 풀잎과 꽃들이 하나의 커다란 초록빛 무리가 되어 흔들린다. 살랑살랑, 하늘하늘 시계추처럼 일정하게 흔들리는 모습이 그저 평화롭다. 아름다운 광경을 뒤로 하고, 이번에는 시선을 아래로 돌려 보자. 한두 걸음 가까이 다가가 보면 뜻밖의 존재들을 발견하게 될지 모른다. 예를 들면, 조용히 숨어서 고개만 빼꼼 드러낸 자그만 꽃들처럼 말이다. 민들레, 잔디꽃, 제비꽃, 이름 모를 꽃들…. 분명 먼 곳에서는 초록빛으로 보일 뿐이었는데, 줄기 하나하나 손으로 골라 자세히 들여다보니 저마다의 어여쁜 자태를 지닌 꽃이다.

　　초등학교 교실의 아이들도 한 명 한 명 자세히 들여다보면 들판에 숨죽여 피어 있는 꽃 같다. 교탁 앞에 서서 한꺼번에 바라보면 그저 '어린아이들'일 뿐인데, 한 걸음만 다가가면 생김새도, 성격도, 좋아하는 것도, 싫어하는 것도, 잘하는 것도 제각기 다른 한 명 한 명의 꽃이다.

저마다의 색깔을 지닌 아이들은 학교라는 공간에서 삶의 첫 발자국을 뗀다. 공교육의 목표에 맞는 교과목을 열심히 공부하고 시대가 필요로 하는 가치를 담은 범교과를 배우며 성장한다. 대한민국 사회 구성원으로서 공통된 지식과 가치를 배우는 이때만큼은, 하나하나의 꽃 같던 아이들도 잠시 거대한 초록빛 무리 속으로 스며든다.

대부분의 아이들은 학교 공부를 별로 좋아하지는 않지만, 학습은 한다. 수업 시간을 따분해하더라도 무언가를 배울 수는 있다. 하지만 그렇지 못한 아이들이 있다. 느린 학습자, 즉 '경계선 지능'으로 추측되는 아이들이 여지없이 일정 비율로 교실에 존재한다. 담임을 맡는 해마다 그런 아이들이 한 반에 두세 명씩 있다. 초록빛 무리 속에 묻혀 잘 보이진 않지만, 자세히 들여다보면 그 자리에 반드시 있다.

그해 우리 반이었던 5학년 혜린이는 마음씨가 곱고 다정한 아이였다. 여느 고학년 아이들과 다를 바 없이 아이돌 이야기를 좋아하고 공기놀이와 보드게임을 즐겨 하는 평범한 여학생이었다. 원체 성격이 외향적인 편이라 친구들과 시시콜콜한 대화도 잘 나누었고, 생활 습관도 바르게 잡혀 있어 학급 규칙을 어기는 일도 거의 없었다. 일례로 혜린이는 우리 반의 분리수거 당번을 맡았었는데, 선생님이 매번 시키지 않아도 스스로 해야겠다는 생각이 들면 알아서 제 역할을 하고 올 정도로 성실한 아이였다. 멀리서 봤을 때, 이 아이가 조금 다를 수도 있겠다는 느낌이 들 만한 여지가 하나도 없었다.

다만 한 가지 신경 쓰였던 점은 5학년이 된 직후에 봤던 국어와 수학 진단평가 점수가 40점, 30점밖에 되지 않았다는 것이다. 말 그대로 진단평가라 아주 기초적이고 쉬운 문제밖에 없었는데, 다른 아이들이 평균 80점에서 100점 사이의 점수를 받은 것에 비해 혜린이의 점수는 유난히 낮은 편이었다. 이상하다 싶은 마음에 혜린이가 푼 문제지를 찾아 살펴봤다. 문제지에는 누가 봐도 비껴가라고 적혀 있는 선지들에 당당히 동그라미 표시가 되어 있었다. 더욱이 수학 주관식 문제는 고민한 흔적조차 없이 생각나는 아무 숫자나 대충 적어 놓은 티가 물씬 풍겼다. 단순히 학습량이 부족해 점수가 낮은 경우와 아예 문제 자체를 이해하지 못해 시작도 못 하는 경우는 본질적으로 완전히 달랐다. 미심쩍었지만, 시험 한두 번으로 모든 걸 판단할 수는 없으니 일단 수업 시간에 혜린이가 어떤 모습을 보이는지 지켜보기로 했다.

4월 초의 국어 시간이었다. 혜린이가 쓴 '주장하는 글쓰기'의 내용을 보고 무언가 이상하다는 것을 확실히 느꼈다. 혜린이는 학습을 위한 인지능력이 또래보다 확연히 부족했다. 문장 속 낱말 배열이 하나도 맞지 않았고, 무엇을 이야기하려고 하는지 도통 내용을 알 수 없었다. 이런 식이었다.

'동물원은 있어야 됐다. 멸종동물은 불쌍합니다. 왜냐하면 사람이 괴롭힌다. 사람은 나쁘다. 동물원 동물들이 불쌍하기 때문이다.'

5학년의 글이라고 보기엔 어려움이 있었다. 물론 다른 아이들도 띄어쓰기나 맞춤법은 곧잘 실수하곤 했다. 하지만 이렇게 문장 자체가 이어지지 않는 글을 쓰는 경우는 정말 드물었다. 더구나 이 아이는 특수학급이 아닌 일반학급에서 쭉 지내 온 아이였다. 특수교육 대상자가 될 정도로 학습이 어렵지는 않다는 뜻이었다. 혜린이를 불러서 자신이 적은 문장을 한번 읽어 보게 했다.

"혜린아, 이거 문장 읽어 볼래?"

"동물원은 있어야 됐…, 있어야 된다. 멸종동물은 불쌍합니다. 왜냐하면 사람이 괴롭히기 때문입니다. 사람은 나쁩니다. 동물원 동물들이 불쌍하다."

"동물원이 있어야 된다고 썼잖아. 그런데 뒤에는 동물원에 사는 동물들이 불쌍하다고 이야기한 거지?"

"네?"

혜린이의 얼굴에 당황하는 표정이 스쳐 지나갔다.

"우리 이번에 쓰는 글이 주장하는 글쓰기잖아? 혜린이가 왜 그렇게 생각하는지 주장에 대한 근거를 적는 건데 뒷받침하는 내용이 안 맞지? 그리고 갑자기 사람이 나쁘다는 말이 나오는 것도 어색하지 않아?"

"네…!"

"선생님 말씀 무슨 뜻인지 이해했어?"

"네, 이해했어요!"

그러나 당찬 대답과는 달리 혜린이는 도통 무엇이 잘못된 건지 모르겠다는 표정이었다. 선생님이 말씀하시는 내용이 당최 무슨 소린지 모르겠는데, 왠지 혼나는 것처럼 느껴지니 이 상황을 얼른 벗어나고 싶은 것처럼 보였다.

그래도 국어는 그나마 사정이 나은 편이었다. 사람 대 사람으로 기본적인 의사소통을 할 수 있고, 문장이 어색할지언정 생각하는 바를 글로 쓸 수 있고, 느리지만 책을 읽을 수 있었으니 말이다. 반면, 정말이지 수학이라는 과목은 혜린이에게 넘을 수 없는 높고 단단한 벽처럼 느껴졌다.

그 당시 우리 학교는 학구열이 그다지 높지 않은 아파트 단지 옆 학교였다. 방과 후에 학원을 한두 개씩 다니는 아이들은 있어도 전반적으로 공교육에 충실한 편이었다. 그중에서 혜린이는 영어 학원과 수학 학원을 매일매일 다니는 아이 중 한 명이었다. 그러니 예습이든 복습이든 학교 공부 외에 추가적인 학습을 할 텐데도 수업 시간 혜린이의 눈빛은 늘 수업 내용이 이해되지 않는다는 듯 멍했다.

혜린이의 수학 학습 수준은 초등학교 2학년 정도였다. 구구단을 아직도 제대로 외우지 못했으니 당연히 5학년 수학의 핵심이라고 할 수 있는 약수 개념을 이해할 리 만무했다. 혜린이만 불러서 따로 가르치기에 쉬는 시간 10분은 너무 짧았다. 손 놓고 볼 수도 없는 노릇이라, 부모님께 양해를 구하고 혜린이를 일주일에 두 번씩 남겨 그날 수학 시간에 배운 내용을 가르치기 시작했다.

"혜린아, 8의 약수가 뭘까?"

"약수요?"

"어떤 수를 나누어떨어지게 하는 수를 '약수'라고 하잖아. 수업 시간에 배웠지?"

"아! 맞아요."

"일단 1이랑 8을 양 끝에 적고, 그 사이에 8을 나눌 수 있는 수를 적어 보자. 숫자 2는 8을 나눌 수 있을까?"

"네!"

혜린이는 1과 8 사이의 널찍한 공간 사이에 숫자 2를 적었다.

"그다음, 숫자 3으로 8을 나눌 수 있을까?"

나는 '제발 아니라고 대답해!'라는 무언의 눈빛을 쏘았다. 숫자 3으로 8을 나눌 수 없다는 사실은 5학년이라면 당연히 알아야만 했고, 수업 시간에도 수없이 반복한 내용이었다. 그러나 혜린이는 순진무구한 눈빛으로, 그 누구보다 자신 있게 대답했다. 아니, 찍었다.

"네!"

정말 열댓 번은 설명한 내용이었다. 어느 부분에서 이해하지 못하는 것인지 도무지 알 수 없었다. 어디서부터 설명을 다시 해야 하는지도 감이 잡히지 않았다. 혜린이의 머릿속을 직접 들여다보고 싶었다.

다시 약수 개념을 몇 번 반복해 가르쳤다. 선생님이 답답해한다는 걸 느꼈는지 문제를 푸는 혜린이의 표정도 점점 어두워져 갔다. 그때, 혜린이의 괴로워하는 눈빛을 보고 깨달았다. 가장 답답할 사람은 내가 아니라 혜린이 자신이었다. 이렇게 학습이 어려운 아이가 여태 수업 시간에 어떤 생각을 하면서 앉아 있었던 건지, 안쓰러운 마음이 들었다. 다른 친구들이 하는 일을 어깨너머로 눈치껏 따라 하는 일도, 수업 시간에 선생님이 혹시 발표시키지는 않을까 긴장하고 있는 일도 쉽지 않았을 텐데 말이다.

그렇게 한 학기 동안 혜린이를 남겨 가르쳤다. 구구단은 그래도 암기하는 것이라 좀 늘었지만, 약수 개념은 매일 까먹고 외우고를 반복했다. 분수의 곱셈도 해야 하고, 직육면체 전개도 그려야 하는데 도통 진도가 나가지 않았다. 혜린이 몸속에 타이머가 있어서 일정 시간이 지나면 모든 걸 삭제하는 게 아닐까 싶을 정도로 배운 것을 너무 잘 잊어버리는 것 같았다. 아니, 애초에 이해하는 일 자체가 어려운 것일지도 몰랐다.

스무 명의 아이들과 빠듯하게 진도를 맞춰 가야 하는 상황에서 혜린이만 몇 번 데리고 가르친다고 될 일이 아니었다. 특수학급에 갈 정도는 아니지만 그렇다고 교육과정을 수월하게 따라오기는 힘든, 경계선에 있는 아이에게 근본적으로 다른 접근이 필요했다. 혜린이에게 필요한 건 5학년 수학을 따라가는 공부가 아니라, 그 전의 기본적인 수 개념과 연산을 눈높이에 맞게 배우는 일이었다.

이런 수학 공부조차 사실은 감내할 만한 것이었다. 다른 영역에서 드러나기 시작한 진짜 괴로움에 비하면 말이다. 혜린이는 시간이 지날수록 친구들과의 관계를 무척 어려워했다. 초등학교 고학년 여학생들은 본능적으로 비슷한 성격의 아이들끼리 삼삼오오 모여 무리를 이룬다. 아직 4학년티를 벗지 못했던 학기 초에는 서로 별문제 없이 어울렸지만, 머리가 점점 크기 시작하자 여학생들이 혜린이를 피하기 시작했다. 혜린이도 무리에 자연스럽게 들어가는 것을 굉장히 힘들어했다.

학창 시절을 보내 본 사람은 모두 알 것이다. 대놓고 배척하진 않아도, 은근히 어울리고 싶지 않은 티를 내는 그 모습 말이다. 서로를 호의적으로 대하던 탐색의 시간이 지나고, 혜린이의 서툰 모습이 여실히 드러난 것이 결정적인 계기가 되었다. 혜린이는 다른 사람의 감정이나 상황을 파악하는 데 서툴렀다. 지금이 웃어야 할 때인지 침묵을 지켜야 할 때인지 알아채는 것이 더뎠고, 상황과

묘하게 어울리지 않는 말을 자주 해서 분위기를 싸하게 만들었다. 예민한 고학년 여학생들은 어리숙하고 눈치 없는 아이와 친구가 되고 싶지 않아 했다.

혜린이가 잘못한 것은 단 하나도 없었다. 혜린이는 언제나 그랬듯 자신이 할 수 있는 일에 최선을 다했다. 하지만 그 묘한 '다름'이 혜린이를 홀로 있게 만들었다. 담임교사가 할 수 있는 일에도 한계가 있었다. 억지로 친구를 만들어 줄 수도 없는 노릇이고, 다른 아이들에게 무조건적 포용을 강제할 수도 없었다. 근본적으로 혜린이의 말과 행동이 단순한 지도나 타이름으로 개선될 영역도 아니었다. 그런 점이 특히 무력하게 느껴졌다. 혜린이는 영문도 모른 채 늘 혼자 남았다.

"혜린아, 친구와 이야기할 때는 친구의 마음이 어떨지 잘 생각해 본 뒤 말해야 해."

"네! 해 볼게요."

명확히 보이지 않는 그 지점을 짚어 주는 일은 넓은 운동장에 떨어뜨린 백 원짜리 동전을 찾는 것만큼이나 어려운 일이었다. 그렇게 혜린이는 이곳에서도 저곳에서도 환영받지 못한 채 그해 내내 아슬아슬하게 경계에 서 있었다.

지금도 교실에는 수많은 혜린이가 존재한다. 이 아이들은 또래보다 인지 기능 수준이 낮아 주의력, 상황 판단력, 추론 능력, 언어 이해 능력이 필요한 여러 상황에서 어려움을 겪는다. 이러한 특성은 중학년에서 고학년으로 갈수록 더 두드러지고, 시간이 흐를수록 학습과 사회생활은 더 힘들어진다. 이 과정에서 지속적으로 겪게 될 학습에 대한 불안감과 교우 관계에 대한 패배감은 자존감 하락과 우울감을 불러일으킨다. 전문가들은 아이의 스트레스가 심각할 경우 비행이라는 극단적인 방법으로 표출될 수도 있다고 경고한다.

최근 경계선 지능인에 대한 관심이 예전보다 높아졌음을 느낀다. 몇 년 전에는 경계선 지능으로 의심되는 학생이 각 반마다 몇 명이 있는지 조사하는 공문이 내려오기도 했다. 이렇다 할 검사 도구와 후속 교육 대안이 없는 상황에서 딱히 실효성 있는 조사였다고 볼 수는 없었지만, 점차 관심이 늘고 있다는 지점에서는 유의미했다.

공교육의 일반적인 교육과정을 따라오기는 어려운데 그렇다고 특수학급에 입급할 정도는 아닌, 경계에 서 있는 아이들에 대해 인식 변화와 지원, 별도의 교육과정이 절실히 필요하다. 이 아이들은 많은 수에 비해 철저히 고립되어 있다. 우선 발견해야 한다. 적절한 검사로 발견해 내고, 인지 기능과 사회성을 향상할 수 있는 눈높이 교육으로 안정적인 사회생활을 도와주어야 한다. 이 모든 일이 정책적으로 진행되어야 한다. 한 교실의 담임교사와 학부모가 오롯이 감당하기엔 현실적인 어려움이 크다.

우리네 교실에는 경계에 선 아이들이 있다. 높은 곳에서 들판을 내려다보면 하나하나의 꽃은 보이지 않고 온통 초록빛 물결로 보이듯이, 경계에 선 아이들도 멀리서 보면 그 면면이 잘 보이지 않는다. 한 걸음 앞으로 나아가 좀 더 세세히 바라보아야 한다. 영문도 모른 채 답답함과 무력감을 안고 깜깜한 밤을 걷고 있을 아이들을 도와야 한다. 애매하게 가려져 소외된 아이들을 수면 위로 끌어올려 주어야 한다.

이 세상에 태어난 아이들은 자신이 타고난 특성에 맞게 교육받을 권리가 있다. 설령 그 특성이 눈에 잘 보이지 않아 찾아내기 어렵다고 할지라도 말이다.

중학교를 보내려면
그 아이의 집안 사정을
알아야 한다

"저, 등본을 보니 어머니만 나와 계신데, 혹시 아버지가 등본에 안 나와 계시는 다른 사정이 있으실까요?"

신규 때부터 내리 6학년 담임만 했던 내가 일 년 중 가장 피하고 싶은 시기를 하나만 꼽는다면, 바로 중학교 원서를 쓰는 기간이다. 아무리 생각해도 선을 넘은 것 같은 이 민감하고도 어려운 질문을 돌리고 돌려 말할 수밖에 없는 상황은 매년 필연적으로 찾아왔다.

우리나라 대부분 지역의 중학교 배정은 특수한 상황을 제외하고 '실제 거주지 근거리 배정'을 원칙으로 한다. 일정 인원을 추첨으로 돌릴지언정, 처음 초등학교에 입학할 때와 똑같이 중학교도 근거리 배정을 우선으로 시행한다. 따라서 졸업을 앞둔 아이들이 현재 거주하고 있는 집 주소가 진학하고자 하는 중학교의 학구에 해당하는지 주민등록등본을 떼어 확인하는 절차가 필요하다.

웬만해선 아이들이 집 근처 동네 초등학교에 다닐 것 같지만, 속속들이 들여다보면 저마다의 사정이 존재한다. 학교 근처에 적을 두지 않고 졸업하는 아이들은 의외로 많다. 예를 들어 다른 지역으로 이사를 했지만 친구 관계에 대한 걱정 등 개인 사정으로 전학을 가지 않는다든가, 집에서 가까운 거리에 학교 여러 개가 있을 때 특정 학교가 좀 더 마음에 들어 공식적으로 배정된 학구가 아님에도 다닌다든가, 예체능부가 활성화된 학교에 전학을 와서 부모님이 매일 아침 통학을 시켜 준다든가 하는 경우 말이다. 어감이 썩 좋지는 않지만, 이러한 경우를 정해진 학구를 벗어났다고 하여 '학구 위반자'로 분류한다.

당시 근무하던 초등학교는 전출입이 빈번한 편이었고, 여러 사정으로 버스 한 번쯤은 타야 할 정도로 꽤 먼 거리에서 통학하는 아이들이 많았다. 이 말은 즉 10월에 아이들이 가져온 등본을 꼼꼼히 살펴보고 '학구 위반'일 경우 추가 서류 제출을 요구해야 한다는 뜻이었다.

여기서 추가 서류 제출은 '등본에 전 가족이 등재되어 있지 않을 시, 이혼일 경우와 이혼이 아닐 경우를 구별하여 학생 명의의 기본증명서 또는 자필 사유서를 제출하는 것'을 의미한다. 다시 말해, 등본에 부모 중 한 명만 적혀 있는 까닭이 '이혼'이라면 학생 이름으로 된 기본증명서를 추가로 준비해야 했고, 이혼이 아닌 다른 이유라면 왜 등본에 전 가족이 없는지 보호자가 사유를 써내야 한다는 뜻이다. 나이스에 부모의 이름을 적는 칸조차 사라진 마당에, 그들이 이혼으로 따로 사는지 아닌지를 파악해서 관련 서류를 제출하라고 요구하는 것은 참으로 민감하고 부담스러운 일이 아닐 수 없었다. 이것이 6학년 담임의 숙명이었다.

결혼은 제도 중 하나일 뿐이며, 저마다의 사정에 따라 삶의 모습이 다르다는 것은 너무나 당연한 사실이다. 백 명의 사람에게 백 개의 세상살이가 존재하는 것이 아니던가. 그러나 우리가 사는 사회는 예외에 인색한 편이다. 형평성을 위한다는 취지는 이해했지만, 그 절차가 너무 매정했다. 제삼자가 아무렇지 않은 모습으로 물어본들 당사자에게는 그다지 꺼내고 싶지 않은, 지극히 사적인 이야기일 수 있다. 더군다나 그 제삼자가 아이의 담임선생님이라면 말이다.

나는 평소에도 상대방이 먼저 말 꺼내지 않은 개인사나 구체적인 형편을 묻는 것을 극히 실례라고 생각하는 사람 중 하나였다. 이 일도 별반 다르지 않았다. 단순히 '행정 처리'를 한다는 명목으로 칼로 무 썰듯 단호하게 묻기에는 1년 동안 미우나 고우나 함께해 온 아이나 그 아이의 가족이 정서적으로 가깝게 느껴졌다. 그렇다고 별일 아니라는 듯, 세상 쿨한 척 사정을 물어보기에는 나 스스로가 너무 건방진 인간처럼 느껴져서 싫었다. 참으로 어렵고 곤혹스러운 일이 아닐 수 없었다. 등본을 한 장 한 장 받아 확인

할 때마다 등에 모래주머니가 한 개씩 얹히는 기분이었다.

그럼에도 어쩌겠는가. 매년 대여섯 명의 부모님들께 전화를 걸 수밖에 없는 상황이 생겼다. 그때마다 나는 맹수 앞에 한껏 몸을 움츠린 초식동물이 됐다. 듣는 이의 마음이 상하지 않게 최대한 조심스러운 태도로 신중히 말을 건넸다.

"저, 등본을 보니 어머니만 나와 계신데, 혹시 아버지가 등본에 안 나와 계시는 다른 사정이 있으실까요?"

"윤채 아버님, 등본에 전 가족이 안 나와 있어서요. 혹시 어머님께서 다른 사정이 있으실까요?"

"어머니, 민감한 질문인데 죄송해요. 혹시 등본에 재희랑 어머니만 계신 이유가 있을까요?"

답변은 크게 두 가지 반응으로 갈렸다. 당황스러운 질문을 받았음에도 끝까지 예의를 지켜 필요한 서류를 챙겨 보내겠다고 하는 경우와, 극도로 방어적인 태도를 보이며 날 선 문장들을 내뱉는 경우였다. 후자는 이런 식이었다.

"재성이 어머니, 재성이가 지금 학구 위반 상태여서요. 학구 위반 학생의 경우 중학교 원서를 쓸 때 등본에 전 가족이 나와 있지 않으면 추가 서류를 제출해야 해서 연락드렸어요."

"네, 그런데요?"

"이게 상황마다 다른데, 지금 등본을 보니 재성이랑 어머니만 나와 있어서요. 혹시 다른 가족은 따로 없으실까요?"

"네, 없는데요."

"아, 네. 혹시 그러면 재성이 아버님이 직장 문제나 다른 일로 멀리 계시는 걸까요?"

"아니, 그냥 없다고요. 왜 자꾸 꼬치꼬치 물어봐요?"

"저도 지침 때문에 여쭤볼 수밖에 없는 점 이해 부탁드려요. 이게 상황에 따라 갖추어야 하는 서류가 달라서요. 혹시 어떤 이유로 따로 계시는지 알려 주실 수 있을까요?"

"그걸 제가 왜 말해 줘야 하냐고요."

"이혼일 경우는 아이 이름으로 된 기본증명서를 내셔야 하고, 이혼이 아닐 경우는 따로 사유서를 작성해서 내셔야 해요."

"애 어릴 때 이혼했는데, 어쩌라고요, 그러면."

민감한 질문들은 상냥했던 학부모님을 비협조적인 민원인으로 손바닥 뒤집듯 돌변시켰다. 그 모습이 이해되지 않는 건 아니었다. 내가 생각해도 불편하고 무례한 질문들이었다. 그들의 마음속 방어기제가 자연스레 튀어나왔다고 생각하면 날 선 대답들도 충분히 감수할 수 있었다. 당장에 내가 그런 질문을 받았어도, 불편한 감정을 게 눈 감추듯 숨길 수 있었을 것이라 자부하지는 못하겠으니 말이다. 하지만 마음이 더 답답해지는 순간은 따로 있었다. 바로 학부모님이 아닌, 열세 살 아이들에게 직접 이 질문을 해야 하는 순간이었다.

우리 주변에는 스스로 크는 아이들이 생각보다 많다. 진서는 미혼모 가정의 아이였다. 진서의 가족은 10월에 옆 동네로 이사 간 상황이었는데, 졸업은 기존의 초등학교에서 하고 싶어 했다. 이 경우 중학교 원서는 다니던 초등학교에서 학구 위반자로 분류해서 제출해야만 했다. 등본에는 외할머니, 엄마, 진서의 이름이 올라 있었다. 엄마는 원래도 연락 한 번 된 적이 없었고, 생계를 꾸리느라 바쁘셨던 외할머니께서는 서류를 부탁드려도 자꾸 깜빡하셨다. 어쩔 수 없이 진서에게 서류를 부탁했다.

"진서야. 학교 끝나면 외할머니 모시고 동사무소 가서, 너 이름으로 된 '기본증명서'라는 걸 떼서 한 부 가져올래?"

"왜요? 다른 애들도 내는 거예요?"

"진서 너 중학교를 지금 이사 간 곳 근처로 가야 하잖아? 그래서 필요한 거야."

"엄마한테 부탁해도 돼요?"

"엄마 연락 되니?"

"선생님이 엄마한테 연락해 주시면 안 될까요? 그러면 엄마가 해 주실 것 같은데…."

"선생님도 여러 번 해 봤는데, 엄마가 연락을 안 받으셔. 아무래도 바쁘신가 봐."

"아, 그래요? 그러면 제가 할머니한테 말해서 해 올게요."

진서의 가정 상황을 미리 알고 있어서 천만다행이었다. 따로 확인하는 절차 없이 바로 기본증명서를 떼 오라고 말할 수 있었다. 모르는 게 약일 때도 많다. 아이의 입으로 아버지가 등본에 없는 이유를 구구절절 설명하게 만들지 않을 수 있어서 다행이었다.

진서처럼 미리 가정 상황이 공유된 경우는 그나마 나았다. 하지만 원서를 제출해야 하는 11월이 다 되어서야 상황을 알게 되는 경우라면, 필연적으로 아이들의 신뢰 가득하고 순진한 눈동자와 직면할 수밖에 없었다.

"은진아, 등본에 고모랑 오빠랑 너밖에 안 나와 있길래 선생님이 고모한테 전화했거든? 그런데 연락을 안 받으셔서, 혹시 부모님은 어디 계시는지 물어봐도 될까?"

"아…. 저 원래 엄마 아빠랑 같이 안 살아서요."

"그래? 혹시 사정이 있을까? 중학교 원서를 쓰려면 선생님이 대충은 이유를 알아야 해서."

"아…. 아빠는 돌아가셨고 엄마는 잘 모르는데…. 오빠한테 물어볼까요?"

"그럼 은진아, 이거 등본에 가족이 다 안 나와 있을 때 내야 하는 서류거든? 사유서라고…. 이거 고모한테 보여 주고 써 달라고 말씀드릴래? 간략하게 사정을 쓰면 된다고 말씀드려 주고."

"네."

내 입에서 나온 모든 낱말에 가시가 박혀 있는 것만 같았다. 머뭇거리면서 얘기하면 혹시나 안쓰럽게 여긴다고 착각할까 봐 최대한 자연스럽게 말하려 애썼던 기억이 난다. 다음날, 은진이가 가져온 사유서에 적혀 있던 글씨는 고모의 것이 아니었다. 중학생 오빠의 삐뚤빼뚤한 글씨로 이렇게 쓰여있었다.

"아빠는 제가 3살 때 일하다가 사고로 돌아가시고 엄마는 집 나가서서 잘 모릅니다."

한 자 한 자 정성껏, 꾹꾹 눌러쓴 서툰 글씨가 아직도 눈에 선하다. 열여섯도 어린 나이인데, 남매에게 별로 떠올리고 싶지 않은 기억일 수도 있는데, 얼굴도 모르는 은진이 오빠가 손으로 직접 '사유서'를 적는 모습을 상상하니 가슴이 먹먹했다.

중학교를 보내려면 그 아이의 집안 사정을 알아야 한다. 나는 불편함을 일으키는 질문을 할 수밖에 없고, 때때로 돌아오는 언짢은 목소리를 들어야 한다. 그러나 피치 못할 사정으로 이 과정을 아이들에게 겪게 할 때는, 정말이지 백기를 들고 싶다. 차라리 부모님들께 못마땅함, 언짢음, 짜증, 화남의 감정을 전해 듣는 게 훨씬 나았다. 부정적 감정은 단 한 톨도 찾아볼 수 없이 신뢰와 순응으로 잔뜩 일렁이는 아이들의 눈빛을 마주할 때면, 선생님이 말씀하신 '그 서류'를 어떻게든 챙겨 오려고 노력하는 아이들의 모습을 목격할 때면 나도 모르게 고개가 푹 숙여지곤 했다.

혹자는 좀 더 냉정해지라고 말한다. 교사도 공무원일 뿐이니 사사로운 감정은 배제하고 기계적으로, 형식적으로 대하라고 말한다. 그런데 그게 참 생각대로 되지 않는다. 오지랖을 부리기엔 멀고, 무시해 버리기엔 가까운 심리적 거리가 일 년 동안 지지고

볶은 이 작은 교실 속 아이들과 나 사이의 간격이다. 공과 사의 경계에서, 그 미묘한 회색 지대에서 온전히 상관없어지는 일이 정녕 가능한지 모르겠다.

학교를 옮기고 나니 학구 위반 학생도 없고 집안 사정을 물어볼, 사연 있는 등본도 별로 없다. 그래서인지 더더욱 그 시절 아이들이 생각난다. 그때 나의 질문을 받았던 아이들이 혹여 상처받지는 않았을까, 그 대화가 트라우마로 남지는 않았을까 불쑥불쑥 걱정이 솟는다.

만약 다시 돌아갈 수 있다면, 그때의 아이들에게 꼭 해 주고 싶은 말이 있다. 이 세상에 사유를 적어 해명해야 할 관계는 단 하나도 없다고, 모습만 다를 뿐 틀리거나 잘못된 것이 결코 아니라고 분명히 말해 주고 싶다.

교직 인생에서 만난 가장 굳센 남매

나이를 먹는다고 전부 어른이 되는 것이 아니듯이, 나이가 어리다고 삶을 대하는 태도가 마냥 어리숙하고 유약한 것은 아니다.

다 큰 어른보다 더 어른답게, 누구보다도 인생을 '굳세게' 살아가는 아이들이 있다. 녹록지 않은 현실 속에서도 고개와 허리를 곧추세우고 씩씩하게 한 발 한 발 전진하는 아이들이 있다. 소위 말하는 '어려운 환경'의 학교에서 만났던 남매가 특히 그랬다. 사람 대 사람으로 마음도 많이 주었고, 아무리 노력해도 제자리걸음인 현실 속에 괴로운 감정도 많이 받았더랬다. 하지만 존재 자체로 반짝였던 그 남매는 마치 어른들의 죄책감을 덜어 주어야 한다는 사명감이라도 가진 것처럼 참으로 굳세게 살았다.

성은, 성준 남매는 내 교직 인생 중 3년을 함께했다. 웬만해선 한 해가 끝나면 다시 만날 일이 없는데, 신기하게도 이 남매와는 계속 인연이 생겼다. 누나인 성은이와는 6학년 담임으로 한 번, 동생 성준이와는 3학년과 6학년 담임으로 두 번. 전생에 이 남매와 질긴 사연이라도 있었던 게 분명했다.

이제는 구도심이 되어 버린 작은 마을에서 성은이네 가족은 유명했다. 아버지가 홀로 성은이와 성준이, 막냇동생까지 총 세 남매를 키웠는데, 둘째인 성준이는 지적장애가 있었고 막내는 아직 어려 손이 많이 갔다.

아버지께서 홀로 세 아이를 돌보는 일이 정말 쉽지 않았으리라 짐작된다. 남매는 제시간에 맞춰 등교하는 경우가 드물었고, 준비물도 잘 챙겨 오지 못했다. 머리 감기나 손톱 깎기 같은 기본적인 위생 관리도 조금씩 어설펐다. 세 남매는 학교가 끝나면 지역 돌봄 센터를 잠시 다녀온 후 하염없이 동네를 돌아다니며 시간을 보냈다. 방과 후 교실이나 별다른 학원도 다니지 않았기에 킥보드나 자전거를 타고 마을 전체를 놀이터 삼아 뛰어다녔다. 종종 퇴근길에 마주쳤던 세 남매는 학교 운동장이나 좁은 골목길, 마트 주변에서 아이스크림이나 삼각김밥을 먹고 있곤 했다.

성은이의 아버지는 생계를 위해 최선을 다하는 분이었다. 세 아이를 자신이 키운다는 것에 대한 자부심도 무척 강했다. 하지만 한 가지 곤란한 점이 있었는데, 술만 마시면 난폭한 행동을 한다는 것이었다. 성은이의 말에 따르면 아이들을 직접 때리지는 않았지만, 종종 물건을 집어 던지거나 거친 말과 행동으로 분위기를 공포 영화처럼 만든다고 했다. 정도가 심할 때는 성은이가 직접 경찰서로 자기 아버지를 신고하기도 했다. 3년 동안 주 보호자로서 연락을 드렸던 성은이의 아버지는, 어떤 때는 굉장히 협조적이다가도 어떤 때는 한없이 무심하셨던 분으로 기억한다.

객관적으로도, 상대적으로도 편치만은 않은 환경에서 사는 남매였다. 혹여 아이들이 우울감이나 분노, 외로움을 많이 느끼지는 않을지, 자신이 처한 상황에 대한 불만을 마음속에 쌓아 두고 사는 것은 아닐지 걱정스러웠다. 그런데 남매는 예상했던 것보다 훨씬 강한 아이들이었다. 그깟 상황이 무어 대수냐는 듯이 늘 당당하고 명랑했다. 자신이 어찌할 수 없는 일에 골머리 앓아 무엇하냐는 듯 개의치 않았고, 구김새가 없었다.

첫째 성은이는 당차고 씩씩한 친구였다. 아버지와 두 남동생 사이의 맏이라 고달프겠다는 나의 생각은 기우였다. 한번은 전교생이 깜짝 놀랄 만한 사건이 있었다. 날이 무척 더웠던 여름날, 아버지가 남동생들의 머리를 이발하면서 성은이 머리까지 삭발해 버린 것이다. 정말 운동부 소년 선수들처럼 까까머리로 말이다. 아무리 그래도 고학년 여학생이었다. 다른 아이였으면 울고불고, 노발대발하며 등교 못 하겠다고 대자로 뻗었을지도 모를 일이었다. 성은이는 챙이 넓은 야구 모자를 푹 눌러쓰고 등교했다. 그리고 생각보다는 태연한 얼굴로 내게 와 살짝 속삭였다.

"선생님, 저 머리가 이런데…."

성은이는 모자 끝을 살짝 들며 뒷머리를 보여 주었다.

"조금 기를 때까지만 교실에서 모자 쓰고 있어도 될까요?"

소곤소곤 부탁하는 목소리를 차마 외면할 수 없었다.

"그래, 성은아, 그렇게 해. 근데 머리 어쩌다가 자른 거야?"

"아빠가 동생들 머리 자른다고 미용실 가는데 저도 따라갔거든요? 근데 저까지 잘라 버릴 줄은 몰랐어요!"

성은이는 억울하다는 표정을 지으며 말했다.

"아빠가? 억지로 하신 거야?"

"저는 조금 자를 줄 알았는데 이렇게까지 잘라 버릴 줄은 몰랐죠. 어제는 그래서 좀 짜증 났는데, 오늘은 괜찮아요. 그럭저럭 시원한데요?"

"진짜 괜찮아? 성은이?"

"네, 아빠가 다음에는 절대 안 그러기로 약속했어요."

이미 잘라 버렸는데 뭐 어쩌겠냐던 성은이의 담담한 표정이 기억난다. 처음에는 좀 부끄러워하는 것 같더니 어느새 자신의 밤톨 같은 까까머리를 여기저기 만져 보라면서 친구들과 장난치고 있었다. 물론, 성은이의 진짜 속마음이 어떨지는 몰랐다. 정말 아무렇지 않다면 다행이지만, 알고 보면 까맣게 타들어 가는 중이었을 수도 있다. 그래도 성은이는 자신의 마음을 다독여 보려고 노력하고 있었다.

이런 일이 비일비재했다. 종종 아버지가 술을 마시고 난동을 피울 때가 있었다. 그 골치 아픈 상황에서도 성은이는 굳세게 이겨 냈다.

"선생님, 어제 아빠가 술 먹고 또…. 어휴, 경찰관 아저씨 불렀어요."

하루는 교탁 앞에서 쫑알거리던 성은이가 어제 경찰을 불렀다는 이야기를 태연스레 했다.

"또 그러셨어? 성은이 너 괜찮니? 동생들은?"

"네, 가끔 그러시잖아요. 동생들은 자고 있어서 괜찮았어요."

"그래도 성은이 많이 놀랐지? 정말 괜찮니?"

"아빠가 술 안 마실 때는 괜찮잖아요. 잘 놀아 주시고. 가끔 저럴 때는 도움받는 게 나은 것 같아요. 어제는 술 적게 먹겠다고 경찰관 아저씨랑 약속도 했어요. 아빠가 아침에 미안하대요."

"아휴, 고생했어."

"저 이제 아빠 잘 다루는 것 같아요. 그쵸?"

성은이는 히죽 웃고는 제자리로 돌아갔다. 분명 무섭고 힘들었을 거다. 6학년 아이가 감당하기엔 너무나 큰 일이었다. 그럼에도 한 걸음 한 걸음 내디뎌 해결한 후, 씩 웃어 보이는 그 모습이 아이가 아닌 사람 대 사람으로서 존경스러웠다.

시간이 흘러 졸업을 며칠 남겨 두지 않았을 즈음이었다. 각자 미래에 어떤 사람이 되고 싶은지 소개하는 수업이 있었다. 그 누구보다 자신 있게 발표했던 성은이의 모습이 유독 기억에 남는다.

성은이는 'CEO'라고 적힌 글씨와 함께 아버지와 두 남동생과 있는 모습을 그려 넣고 이렇게 말했다.

"저는 CEO가 되어서 돈을 많이 벌 거예요. 그리고 아빠가 혼자 저희 키우느라 고생하셨으니까 집이랑 차를 사 주고, 둘째는 아프니까 계속 치료할 수 있도록 병원을 보내고, 막내한테는 장난감이랑 맛있는 음식 많이 사 주려고요."

발표하는 성은이의 모습은 반짝반짝 빛났다. CEO가 정확히 무슨 일을 하는 사람인지까지는 모르는 듯했지만, 크게 중요치 않았다. 친구들 앞에서 자기가 꿈꾸는 바를 당당하게 말하는 모습에서, 이 아이가 누구보다도 삶을 주체적으로 살아가고 있다는 것이 느껴졌다. 섣부른 동정도 안쓰러운 시선도 성은이에게는 실례라는 생각이 들었다. 이 아이는 누군가의 측은한 시선을 받을 정도로 불쌍하게 살고 있지 않았다.

성은이의 동생이자 세 남매 중 둘째인 성준이는 지적장애가 있어 특수학급과 일반학급을 오가며 지내던 아이다. 짧게 자른 머리와 '귀염 상'인 얼굴, 또래보다 작은 몸짓 탓에 제 나이보다 훨씬 더 어려 보였다. 성준이는 자기만의 세계가 확고했는데, 3학년 때는 수시로 교실을 뛰쳐나가곤 해서 애를 먹였다. 하지만 6학년이 된 성준이는 3년 사이에 훌쩍 자란 모습이었다. 수업 시간과 쉬는 시간을 구분해서 자리에 앉아 있을 만큼 차분해졌고, 간단한 두 자릿수 연산까지 할 수 있을 정도로 몸도 마음도 커졌다. 모두 특수학급 선생님의 노고 덕이었을 것이다.

　집에서는 누나와 남동생에게 치이고 교실에는 친한 친구 하나 없는 성준이었다. 하지만 성준이는 학교 오는 것을 정말 좋아했고 자신만의 세상에 흠뻑 빠져 지냈다. 항상 콧노래를 흥얼거리며 공룡과 로봇 그림을 그려 친구들이나 선생님께 선물로 주기도 했고, 이면지를 잔뜩 갖다가 건물이나 장난감을 만들어서 놀기도 했다.

　"선생님! 저도 할래요!"

　게다가 성준이는 자기도 해 보고 싶다는 말을 입에 달고 살았다. 발표 자료를 만드는 일이나 글쓰기처럼 성준이에게 어려운 일들도 늘 해 보고 싶어 했고, 잘하지 못하더라도 최선을 다했다. 기가 죽거나 소심한 모습은 눈 씻고 찾아보려야 볼 수 없었다.

　성준이와의 일화가 기억난다. 어느 날 성준이가 매직으로 자신의 볼에 고양이 수염을 잔뜩 그린 적이 있다. 그 조그만 얼굴에, 잘 지워지지도 않는 매직으로 수염을 그려 놓고 한껏 뛰어다니던 성준이가 귀엽고 웃겼다.

　"성준아, 왜 얼굴에 수염을 그렸어?"

　얼굴에 잔뜩 난 펜 자국을 닦아 주며 물었다.

　"고양이…. 고양이가 되고 싶었어요!"

　세상이 온통 환해지는 웃음이란 이 아이를 보고 나온 말이 아닐까 싶을 정도로 밝게 웃으며 말하는 성준이의 모습이 너무 순수했고, 감동스러웠다. 성준이는 자신에게 주어진 하루하루를 온전히 즐겁게 살아내고 있었다.

위로와 걱정 따위는 필요 없었다. 남매는 참 굳셌고, 씩씩했다. 그저 묵묵한 응원이면 될 터였다.

혹자는 내 나이가 아직 한창때라고 말하겠지만, 기억을 여럿 반추할 수 있을 만큼 살아 보니 나이가 든다고 저절로 굳세지는 것은 아니었다. 오히려 굳건해지긴커녕 어릴 적보다 더 쉽게 마음에 생채기가 나고 예기치 못한 일들에 무릎이 꺾여 버릴 때도 있다. 마음의 굳셈이란 살아온 나날들과 정비례하지 않는다. 그래서 이 남매가 더욱 훌륭하고 기특하게 느껴진다. 어린 나이임에도 주어진 상황 속에서 최선을 다해 살아 보려는 작은 몸짓들로부터 많은 것을 배웠다. 구실과 핑곗거리를 내세워 껍질 속으로 숨어 버리기 쉬운 세상에서, 말 그대로 '굳세게' 살기 힘든 세상에서 가끔 성은이와 성준이를 떠올린다.

인생은 폭풍우가 그치기를 기다리는 것이 아니라, 빗속에서도 춤추는 방법을 배우는 것이라 했다. 앞으로도 거센 풍랑이 눈앞에 닥칠 날들이 많을 거다. 성은이와 성준이가 아직도 그 시절의 굳센 모습으로 명랑하게 살아가고 있을지 궁금하다. 설령 그렇지 않더라도 괜찮다. 그저 이렇게 말해 주고 싶다. 그때 너희가 보여 주었던 당당하고 씩씩한 모습으로라면 무엇이든지 다 할 수 있다고. 세상은 너희의 것이라고. 담임선생님이자 어린 날의 굳센 모습을 소중히 간직하고 있는 한 사람으로서, 응원의 말을 조심스레 남겨 본다.

교실을 배회하는 서툰 마음들

사람과 사람이 관계를 맺는 일은 뜻대로 되지 않기 마련이다. 더욱이, 내 속의 낯선 감정들을 마주해야 하는 학창 시절의 인간관계는 서툴고 미숙하다는 점에서 진정으로 쉽지 않다. 어린 시절을 한번 돌이켜 보자. 또래 친구와 가까워지고, 둘도 없는 친한 사이가 되고, 다시 서먹해지는 과정에서 가장 다루기 어려웠던 감정은 무엇이었는가. 가장 감내하기 힘들었던 상황은 무엇이었는가.

매년 교실에서 또래 관계를 맺기 위해 고군분투하는 아이들의 모습을 지켜보면, 그들의 마음속에 통제할 수 없는 어떤 감정들이 자라나는 것이 보인다. 누군가는 끓어오르는 감정과 쉴 새 없이 투쟁하고 또 누군가는 어찌할 수 없는 감정을 받아들이거나 놓아준다. 그러나 이따금 날것의 감정들이 온 힘을 다해 비뚤게 표현될 때, 더없이 비극적인 상황이 찾아오곤 한다. 특히 어른들의 조언이나 격려 하나 듣지 못한 채 혼자 키워 온 감정이라면 더욱더 날카롭고 위험하다. 그해, 우리 반 해나의 마음속에서 자라던 위태로운 감정의 이름은 바로 '열등감'이었다.

해나는 함구증이 있는 아이였다. 무슨 이유인지 4학년이 될 때까지 학교에서 말을 하지 않는 아이로 유명했다. 작년에 해나의 담임을 맡았던 선생님께서는 해나가 5학년이 되고 나서 입을 조금씩 열기 시작했는데, 성격이 지나치게 내성적인 탓에 함께 어울릴 친구가 없었다는 이야기를 해 주셨다. 그런 해나는 6학년이 되어 나와 만났다.

해나의 첫인상은 적막했다. 해나는 관성처럼 늘 혼자 그림을 그리거나 멍하니 자리에 앉아 있었다. 해나가 홀로 있는 사이 다른 아이들은 바쁘게 무리를 만들어 나갔다. 딱히 친구를 사귈 의욕도 없어 보이고, 무기력한 표정을 짓고 있는 해나에게 다른 아이들은 굳이 다가가려 하지 않았다. 해나는 학습에도 어려움을 겪었다. 수업도 열심히 듣고 공책 정리를 꼼꼼히 하는 편인데도 막상 수행평가를 보면 절반 이상 문제를 틀리기 일쑤였다. 해나는 여러 이유로 늘 혼자였고, 무엇을 하든 마지막까지 홀로 남아 있는 아이였다.

학기 초, 선생님께만 보여 드리는 비밀 설문지를 적는 시간이 있었다. 스무 가지의 질문을 주고 한 시간 동안 대답을 쓰도록 했는데 다른 아이들에 비해 유난히 해나의 종이만 깨끗했다. 답변란을 거의 비운 채 제출한 것이다. 그나마 적어 놓은 몇 가지 대답도 깨알같이 작은 글씨로 잔뜩 흘려 써 알아보기 어려웠다.

'6학년 때 이루고 싶은 목표: 새로운 친구 사귀기'

'가족에게 바라는 점: 차별하지 않기, 공부로 혼내지 않기'

이게 전부였다. '나의 성격'이라든가 '내가 잘하는 것', '내가 좋아하는 것'과 같은 간단한 질문에 대한 대답은 하나도 없었다.

"해나야, 여기 빈칸들은 잘 모르겠어서 못 적은 거야?"

"…"

"여기 '내가 잘하는 것'이나 '내가 좋아하는 것', 이런 질문은 편하게 생각해서 적어 줘도 되는데."

"…"

말수가 조금 늘었다 한들, 여전히 입을 꾹 닫는 아이라는 사실에는 변함이 없었다. 해나처럼 대화를 힘들어하는 아이들에게는 마음을 편히 해 주고, 독촉하지 않는 게 중요했다. 나는 하염없이 기다렸고 해나는 교탁 앞에 덩그러니 서서 애꿎은 설문지 끝자락만 만지작거렸다. 몇 분이 지났을까. 해나는 아기 숨소리처럼 아주 작디작은 목소리로, 한껏 집중하지 않으면 절대 들리지 않을 목소리로 조용히 말했다.

"저는…."

"어?"

"저는… 쓸 게 없어요."

고작 열세 살밖에 되지 않은 아이의 대답은 무력했고, 자조적이었다. 왠지 체념 같기도 했다. 해나의 마음 깊숙한 곳에 꽁꽁 싸맨 어떤 감정이 숨겨져 있다는 것만 어슴푸레 느껴졌다. 그렇게 해나는 교실에 있는 듯 없는 듯한 모습으로 학교생활을 이어 갔다.

해나는 집에서도 아픈 손가락인 모양이었다.

"해나가 어릴 때부터 자신 있게 뭘 못 하는 편이었어요. 그리고 어느 순간 말을 안 하기 시작하더라고요. 그래서 병원에도 가 봤는데 의사 선생님이 별다른 문제는 없대요. 저도 엄청 마음고생 심했어요."

전화 상담을 시작하자마자 해나 어머니는 참았던 숨을 한꺼번에 내쉬듯 속사포처럼 말을 쏟아 냈다.

"어머니께서도 참 어려우셨겠어요. 그래도 해나 지금 많이 좋아진 거라고 들었는데, 혹시 해나가 마음의 문을 닫을 만한 다른 계기는 없었을까요?"

"저도 답답한 부분인데요, 진짜 아무 일도 없었어요. 해나가 언니가 있고, 여동생도 있는 둘째예요. 언니는 중학교에서 반장도 하고 공부도 전교권이거든요. 여동생도 지금 거기 4학년인데 수학 영재반도 다니고 학습지도 한 번도 안 빠뜨리고 스스로 잘해요. 근데 해나만 유독 글도 늦게 읽고, 공부도 잘 안되고 그래요. 다 똑같이 키웠는데 유독 해나만…."

어머니의 목소리에서 해나에 대한 아쉬움이 잔뜩 묻어났다.

언니와 여동생이 월등히 잘하는구나. 언니와 여동생은 어머니의 자랑거리구나. 그 사이에 끼여 있는 해나가 겪었을 소외가, 나름의 고충이 상상됐다.

"그래도 해나가 수업 시간에는 참 열심히 해요. 집에서도 해나랑 대화 많이 해 주시죠?"

"…하려고 노력은 해요. 근데 해나가 원체 말을 잘 안 해 가지고요."

"그래도 학교에서 무슨 일 있었는지 많이 물어봐 주시고, 공책 정리한 것도 칭찬해 주세요. 글 쓰는 건 참 좋아하더라고요. 혹시 해나가 집에서 친구들 이야기도 하던가요?"

"아뇨. 워낙 친구 사귀는 것을 어려워 해서…. 이제 마음을 접었는지 딱히 친구 없어도 괜찮을 것 같다고 하던데요?"

해나의 올해 목표인 '새로운 친구 사귀기'가 갑자기 눈에 어른거렸다. 아무래도 가족과 깊게 정서적 교감을 나누거나 소통하지는 않는 것 같았다. 해나의 마음속에 어떤 감정이 자라나고 있을지, 마음의 문을 더 꽉 닫아 버리면 어떤 일이 벌어질지 걱정스러웠다. 분명한 건, 해나가 집에서도 학교에서도 크게 환영받지 못한다는 사실이었다.

세상은 공평하지 않다. 환영과 거리가 먼 아이가 있다면 그 반대편에는 어디서나 환대받고 사랑받는 아이도 있는 법이다. 같은 반이었던 연우가 그랬다. 연우는 교내 운동부 소속 여학생이었는데, 일명 '만능 캐릭터'였다. 밝고 사교적인 성격에 배려심 넘치는 언행과 적당한 장난기를 갖춘 아이였다. 게다가 공부도 무척 잘해서 친구들이 어려운 수학 문제로 씨름하고 있을 때 곧잘 도와주곤 했다. 인품도 얼마나 훌륭한지, 누구에게나 친절했던 연우는 외딴 섬처럼 홀로 있던 해나에게 유일하게 말을 걸어 주는 아이였다.

연우는 쉬는 시간마다 해나의 수학 숙제를 도와줬고, 해나가 혼자 있으면 찾아가서 '해나야, 무슨 그림 그리고 있어?'라고 상냥히 말을 걸었다. 연우는 쉬는 시간에 보드게임을 할 적에도 종종 '해나야, 이리 와서 같이 해!' 하며 끼워 주기도 했고, 현장학습 모둠을 짤 때도 해나에게 먼저 다가가 같이 하자며 챙겨 주기도 했다. 연우 같은 아이는 정말 귀했다. 담임으로서도 더할 나위 없이 이상적이고 고마운 상황이었다. 연우 덕분에 해나도 조금이나마 친구 관계를 쌓아 갈 수 있지 않을까 기대되기도 했다.

그러나, 그해 여름 예상치 못한 사건이 발생했다. 여느 날과 다르지 않은 평범한 점심시간이었다. 갑자기 여자아이들이 몰려와서 큰일이라도 난 듯 야단스럽게 말했다.

"선생님! 여자 화장실에요…!"

"응?"

"여자 화장실 두 번째 칸에 연우 욕 쓰여 있어요!"

연우 욕이 쓰여 있다고? 놀랍고 당황스러운 일이었다. 연우는 누군가의 미움을 살 만한 인물이 아니었다. 한달음에 달려가 확인

해 보니 화장실 벽면에 잔뜩 흘려 쓴 글씨체로 '최연우가 학교에서 잘난 척한다'는 내용과 그걸 비꼬는 욕이 세 문장 적혀 있었다. 기함할 노릇이었다.

더 경악스러웠던 것은 글씨체에서 느껴지는 기시감이었다. 아주 오밀조밀하고, 자음과 모음이 구별이 안 될 정도로 흘려 쓴 글씨체가 너무 낯이 익었다. '설마 아니겠지, 아니어야 할 텐데' 싶은 마음으로 교실로 돌아왔다. 하지만 명백했다. 공책을 비교해 보니 역시, 그 아이의 것이었다. 들키지 않을 줄 알고 쓴 것일까. 아이의 얕은 판단력과 충동이 안타까웠다. 교실로 돌아오니 반 아이들이 심상치 않은 분위기를 눈치채고 조용히 자리에 앉아 눈치를 살피고 있었다. 그 가라앉은 공기를 뚫고 말했다.

"여자 화장실에 낙서한 사람, 우리 반에 있지? 선생님은 글씨만 봐도 다 알아. 오늘 학교 끝나고 정직하게 이야기하면 큰 문제 없이 끝내게 최대한 도와주고, 아니면 학교 폭력 절차대로 진행할 거니까 그런 줄 알아. 오늘이 마지막 기회야."

분위기를 무겁게 잡고 잔뜩 엄포를 놓았다. 아이들은 도대체 누가 연우 욕을 썼냐며 웅성거렸다. 그리고 모두가 하교한 후, 예상했던 대로 그 아이가 찾아왔다. 뻔뻔스럽지도 못했다. 역시나, 해나였다. 해나는 안절부절못하는 모습으로 잔뜩 머뭇거렸다.

"선생님한테 할 말 있니?"

"…"

"…"

"그거… 제가 했어요."

"그거, 뭐?"

"그… 화장실에 쓴 거요."

바들바들 떠는 목소리에, 눈에는 눈물이 고여 있었다.

"왜 그랬어?"

"…"

다툼이 있을 법한 관계도 아니었는데 도통 이유를 알 수 없었다. 게다가 연우는 해나를 유일하게 챙겨 준 아이, 은인 같은 친구 아니던가. 한참 뜸을 들이던 해나 입에서 뜻밖의 이야기가 흘러나왔다.

"뭔가… 뭔가 잘 안되면 좋겠어서 그랬어요."

"뭐?"

"연우는 친구들이 많이 좋아하고, 공부도 잘하고, 성격도 좋잖아요. 뭔가 화났어요."

머리를 한 대 얻어맞은 기분이었다. 해나의 말이 충격적으로 들렸다. 해나를 둘러싼 감정은 일종의 열등감이었다. 단순한 부러움을 넘어 아주 참을 수 없는, 자신에게 유일하게 호의를 베풀어 준 친구임에도 용납할 수 없는 감정. 내가 가지고 있지 못한 것을 왜 저 사람은 다 가질 수 있는지, 납득할 수 없는 불공평함에서 오는 열등감. 해나의 행동은 비뚤어지다 못해 사방으로 뒤틀려 버린

최악의 한 수였다.

"그런데 해나야, 연우가 너에게 잘해 줬잖아."

해나는 말없이 고개를 끄덕이며 눈물을 뚝뚝 흘렸다. 자신이 잘못했다는 것을 모르진 않는 눈치였다.

"알고 있어요."

"그런데 왜 그랬어?"

"그냥 했어요. 죄송해요."

"선생님께는 죄송할 일이 아니고, 이제 어떻게 할 거야?"

"낙서 지우고 갈게요. 그리고 내일 사과 편지 써 와서 연우 줄게요."

한참 동안 해나를 혼내다 보냈다. 그런데 이상하리만치 마음이 불편했다. 부글부글 끓던 냄비 속 국물이 마구잡이로 흘러넘치듯, 마음속 끓어오르는 감정이 결국 바닥을 다 적실 때까지 해나가 혼자 방치된 것만 같아 기분이 언짢았다. 무엇이 해나를 그렇게 만든 것일까. 그리고 혼자 있는 친구가 신경 쓰여 순수한 호의를 베푼 연우는 또 무슨 잘못인가.

다음 날, 연우는 해나의 사과를 흔쾌히 받아 주었다. '괜찮아, 그럴 수 있어.'라며 연우다운 말을 건네면서 말이다. 하지만 그 이후로 연우는 더 이상 먼저 해나를 찾지 않았다. 그 마음도 이해가 됐다. 그렇게 해나와 연우는 6학년이 끝날 때까지 서로 친한 듯 아닌 듯 데면데면하게 지내다 졸업했다.

때때로 어떤 안 좋은 마음은 다른 것으로 승화되지 못하고, 비극적으로 터져 나오고 만다. 감정에 대한 경험이 낯설고 표현도 서툰 아이들이 터뜨리는 한순간의 비뚤어진 말과 행동은 서로에게 큰 상처를 남긴다.

해나의 돌이킬 수 없는 행동을 변호할 생각은 없다. 하지만 어릴 적부터 집과 학교에서 켜켜이 쌓여 왔을 열등감의 굴레에 빠진 해나가, 누구에게도 환영받지 못하고 외롭게 자랐을 해나가 아주 조금은 안타까울 뿐이다. 그 아이의 마음이 이렇게 과격하게 표현될 수밖에 없었던 까닭은 무엇인지, 정녕 누군가를 미워하는 마음으로 드러날 수밖에 없었는지 조금 답답할 뿐이다. 자기 자신을 위해서라도, 더는 이 꼬여 버린 마음이 방치되면 안 될 텐데, 걱정될 뿐이다.

학교 일을 시작하기 전에는, 아이들은 왠지 단순하고 쉬울 것만 같았다. 토라져도 금방 풀리고 어떤 상황에서든 천진난만할 것 같았다. 그런데 교실에 있어 보니 단순히 나이가 어리다고 해서 부끄러움을 모르는 것도, 예민하지 않은 것도 아니었다. 교실은 밖에서 생각하는 것만큼 이상적인 공간이 아니다. 수많은 감정이 핑퐁처럼 정신없이 오갈 뿐만 아니라 폭력적이고 날 선 형태로 표현되기도 한다. 아무리 앳되고 몸집 작은 아이들일지라도, 사람이라서 필연적으로 가질 수밖에 없는 감정의 성질은 똑같다.

제대로 다스리지 못해 끓어오른 감정은 날카로운 화살이 되어 다른 이의 마음에 애꿎은 생채기를 남긴다. 지금도 우리네 교실에서는 여물지 못한 서툰 마음들이 배회하고 있다.

그 아이의
세 가지 얼굴에 대하여

　이 험난하고도 찬란한 세상 속에서 살아가는 사람이라면 모름지기 여러 개의 얼굴을 가지기 마련이다. 혹자는 '페르소나'라고 일컫는 현대인의 이 얼굴들은 상황이나 장소, 함께 있는 사람이 누구인지에 따라 시시각각으로 바뀐다.
　우리는 몇 개의 얼굴을 지닌 채 살아가고 있을까. 자식으로서의 얼굴, 부모로서의 얼굴, 연인 또는 배우자로서의 얼굴, 직장인으로서의 얼굴, 좋아하는 취미나 일에 푹 빠져 있는 진정한 자신으로서의 얼굴…. 찬찬히 떠올리다 보면 다섯 손가락 정도는 금방 접힌다. 이 얼굴들은 언제부터 생겨나기 시작했을까. 과연 우리는 이 각각의 얼굴들이 주인공인 삶에서 최선을 다하고 있을까.
　꼭 어른이 아니더라도, 어떤 아이들 역시 저마다의 얼굴을 품고 살아간다. 고작 열세 살, 초등학교 6학년임에도 단 한 조각의 힘듦이나 부침도 보이지 않고 훌륭하게 여러 가지 얼굴을 살아 냈던 그 아이, 진수가 생각난다.

진수의 첫 번째 얼굴은, 부모의 얼굴이었다. 진수네 가족은 세 명으로, 베트남에서 오신 어머니와 초등학교 1학년이 된 여동생이 있었다. 어머니가 집안 생계를 도맡고 계신 탓에 갓 초등학교에 입학한 여동생을 돌보는 일은 오로지 진수의 몫이었다. 단순히 놀아 주는 일만 하면 되는 것이 아니었다. 아침에 일어나 여동생을 깨우고, 어머니께서 차려 놓으신 밥을 먹이고, 양치하고, 함께 등교하고, 하교할 때 다시 데려가고, 준비물을 챙겨 주는 일까지 모두 진수에게 주어진 일이었다.

진수의 첫 번째 얼굴을 목격하게 된 건 순전히 우연이었다. 그해 우리 반에서 정했던 학급 규칙 중 하나는 8시 50분까지 교실로 등교한 후 1교시가 시작하기 전까지 조용히 자리에서 책을 읽는 것이었다. 그런데 유난히 진수만 그 등교 시간 규칙을 잘 지키지 못했다. 숙제나 청소, 1인 1역할 같은 다른 규칙은 철저히 지키려고 노력하는 아이였기에 어떤 이유로 지각을 하는 건지 더 의문스러웠다. 진수는 매일 5분, 10분씩 시간이 지난 후에야 느지막이 뒷문을 열고 얼굴을 빼꼼 보여 주곤 했다. 늦잠을 잤거나, 여유를 부리다가 집에서 부산스레 출발했거나 둘 중 하나일 것 같았다. 며칠 벼르다가 말을 꺼냈다.

"진수야, 등교 시간이 자꾸 5분씩 늦네?"

"아, 죄송해요, 선생님."

"진수야, 혹시 집이 멀어?"

"아, 아니요."

"아니면 늦잠 자니?"

"아니요, 그게…."

잠시 뜸을 들이던 진수가 어렵사리 말을 꺼냈다.

"저 올해 입학한 1학년 동생이 있는데요, 동생 교실 데려다주고 오느라 자꾸 늦어요. 아직 동생이 교실을 잘 못 찾아서요. 죄송해요."

6학년 교실은 5층에, 1학년 교실은 1층에 있었다. 동생을 데려다준 뒤 올라오느라 조금씩 늦었다는 것이다. 보통 1학년 아이의 등교는 부모님이 도와주시는데, 진수네 집에는 6학년 오빠가 맡아서 할 수밖에 없는 어떤 사정이 있는 것 같았다. 제 한 몸 챙기기도 바쁜 아침에 어린 동생을 데려다주고 8시 50분까지 5층 교실 문을 통과하는 건 진수에게 너무 엄격한 규칙일지도 몰랐다.

"동생이 좀 익숙해질 때까지만 5분 늦게 등교해도 될까요?"

이토록 정중히 양해를 구하는 아이에게 규칙만을 매몰차게 내세울 수 없었다. 다른 아이들도 사정을 이해해 주었고, 그렇게 진수는 8시 55분까지 등교하기 시작했다. 길어진 그 5분만큼은, 단 1초도 넘기지 않도록 칼같이 맞춰 등교하는 진수였다.

3월 끝자락의 늦은 오후, 진수의 여동생인 진아 담임선생님으로부터 전화가 걸려 온 적이 있다.

"안녕하세요, 선생님. 저 1학년 1반이에요. 혹시 6학년 2반에 하진수 학생 있나요?"

"네, 진수 있어요. 무슨 일 있으세요?"

"아, 저희 반에 하진아라는 아이가 있는데, 부모님께서 전혀 케어를 못 하시는 것 같아서요. 진아 오빠가 진수 맞죠? 진수는 좀 어때요?"

"아, 진수는 괜찮아요. 착하고요."

"다행이네요. 다름이 아니라, 지금 1학년 초라 내야 할 서류들이랑 챙겨 올 준비물이 많은데 어머니가 연락이 잘 안 닿아서요. 정말 죄송하지만, 진수한테 부탁 좀 하려고요. 이따 점심시간에 진수 좀 저희 교실로 보내 주시겠어요?"

그렇게 학기 초, 1학년 교실을 찾아갔던 진수는 이후 일 년 동안 진아의 각종 가정통신문과 준비물 해결을 위해 두 교실을 바쁘게 오갔다. 편지를 전달하는 우체부처럼 열심히 계단을 내려갔다 올라오기를 반복했다. 진수는 가끔 진아가 물병을 가져오지 않았을 때 자기 물병을 내주러 간 적도 있고, 점심시간에는 친구가 없던 진아를 데리고 운동장 한쪽 모래 더미에서 놀아 주기도 했다. 한창 사춘기라 신경 쓰일 법도 한데, 진수는 진아의 오빠이자 부모의 역할까지 부지런히 해냈다. '진수야, 진아 담임선생님께서 오늘 잠깐 들러 달래.'라고 넌지시 말을 전할 때도 진수는 늘 평온한 표정이었다. 나였으면 참 귀찮았겠다는 생각에 언젠가 진수에게 물어본 적이 있다.

"진수야, 진아 것도 챙기느라 힘들진 않아?"

진수는 네모난 안경을 추켜올리며, 왜 그런 것을 물어보냐는 듯 태연한 목소리로 대답했다.

"아뇨? 저는 괜찮아요."

"정말?"

"근데 제가 졸업하면 좀 걱정이에요. 하진아 얘가 스스로 할 줄 아는 게 별로 없거든요."

생각이 많아지게 하는 대답이었다.

진수의 두 번째 얼굴은, 통역사의 얼굴이었다. 진수의 어머니께서는 한국어가 굉장히 서툴렀다. 보통 학기 초에 제출하는 학생 기초조사표는 부모님이 직접 적어 주시는 편인데, 진수의 경우에는 어머니 대신 진수의 삐뚤빼뚤한 글씨가 적혀 있었다. 소통의 어려움은 여러 순간에 드러났다. 회신해야 하는 가정통신문은 항상 늦었고 1학기에 실시했던 전화 상담은 '네?', '다시 한번 말씀해 주시겠어요?'의 연속이었다. 나는 진수 어머니의 발음을 이해하지 못했고, 진수 어머니는 말의 맥락을 잘 이해하지 못하셨다. 진수가 얼마나 예쁘고 바르게 학교생활을 하는 아이인지 입이 마르도록 칭찬했는데, 진수 어머니가 온전히 이해했는지 긴가민가해서 내가 다 아쉬울 지경이었다. 전화 상담이 끝난 다음 날, 진수를 불러 물었다.

"진수야, 어제 어머니랑 상담했는데 혹시 너한테 따로 무슨 말씀 안 하셨니?"

"네? 아무 말 안 하셨어요. 그런데 선생님, 저희 엄마랑 대화 잘 되셨어요?"

"대화?"

"아, 저희 엄마가 한국어가 좀 어려우셔서요."

혹여 진수의 마음이 상할까 싶어 모르는 척을 했는데 의외로 진수는 별 상관없다는 태도였다.

"음, 사실 전화로는 조금 어렵더라고. 선생님이 말씀드린 걸 어머니가 이해하셨을까 싶어서 물어본 거야."

"아, 그러면 저희 엄마도 잘 못 들으셨을 거예요. 실제로 말하는 것보다 전화가 좀 더 안 들려요."

"그래? 선생님이 진수 칭찬 엄청 많이 했는데!"

칭찬했다는 그 말 한마디에 갑자기 눈 맞춤을 피하며 부끄러워하던 진수가 슬며시 말을 꺼냈다.

"혹시 선생님, 제가 엄마 말은 잘 알아들을 수 있는데, 2학기에 상담 또 있죠?"

"응, 있지. 왜?"

"그때는 학교로 오는 거 신청하라고 말씀드릴까요? 저도 같이 있어도 되죠?"

열세 살 아이의 사려 깊은 제안을 받아들이지 않을 이유는 없었다. 그렇게 진수 어머니는 2학기 때 교실로 직접 찾아와 진행하는 방문 상담을 신청했다. 수줍게 인사를 건네던 소탈한 모습의 진수 어머니가 생각난다. 모자는 작은 체구에서 나오는 선한 분위기가 똑 닮아 있었다. 특히 진수의 맑고 부드러운 눈빛이 어머니를 빼닮은 듯했다.

"엄마가 오늘 일하는 시간 바꾸느라 엄청 고생하셨대요."

진수는 배시시 웃으며 얘기했다. 진수의 어머니는 이전에도 학교에 와 보고 싶었지만, 한국말 때문에 와도 되나 싶어 못 왔다는 이야기로 말문을 여셨다. 나는 최대한 또박또박, 천천히 진수의 학교생활에 대해 말씀드렸다. 상담 내용의 9할은 칭찬이었다. 진수가 공부는 좀 어려워해도 친구들과 관계가 좋고, 성실한 태도로 학교생활에 참여한다고, 하나뿐인 동생도 너무 잘 챙긴다고 입이 마르도록 칭찬했다. 진수는 옆에서 내 말을 유심히 듣더니 어머니가 이해하지 못하는 내용을 다시 분명한 한국어로, 모자간에 통하는 낱말들을 곁들여 설명했다.

"진수야, 어머니께 혹시 더 물어보고 싶으신 것 없으시냐고 여쭤봐."

"선생님, 엄마가 감사하대요. 저 예뻐해 주신다고요."

정말 오랜만에 경험하는 화기애애한 상담이었다. 이후에도 진수는 나와 어머니 사이의 통역사를 자처했다. 현장체험학습비를 지원받는 것, 중학교 배정 원서를 작성하는 것, 졸업앨범비를 스쿨뱅킹 통장에 넣는 것, 학예발표회와 졸업식에 참석하는 것, 세세한 설명이 필요한 일을 꼼꼼히 전달했다.

"진수야, 어머니께 설명 따로 드렸지? 이해하셨니?"

"네, 제가 말씀드렸어요."

노파심에 물어본 질문들에 진수는 항상 당연하다는 듯 대답했다. 그 모습이 참 듬직했다. 내가 진수였다면 어땠을까. 언제나 조금의 불평도, 짜증도 내지 않는 진수였다.

진수의 마지막 얼굴은, 바로 유튜버의 얼굴이었다.

여느 아이들이 그렇듯 진수도 휴대폰 게임을 무척 좋아하는 남학생이었다. 그런데 단순히 게임을 하는 데 그치는 것이 아니라 유튜브 계정을 만들어 꽤 활발한 활동을 하는 모양이었다. 다른 아이들이 하는 말을 들어 보니 진수가 자신의 게임 플레이 영상을 편집해서 자막과 음악을 입혀 업로드하고, 실시간 스트리밍도 한다고 했다. 요즘 초등학생의 장래 희망 직업 상위권에 번듯이 자리를 차지하는 '유튜버'와 '크리에이터'가 바로 진수의 꿈이었다.

"야, 하진수! 너 구독자 50명 됐더라?"

"어, 맞아!"

"영상 재밌더라! 나도 구독했어!"

진수의 유튜브는 그해 6학년 아이들의 화젯거리였다. 선망은 누구나 할 수 있지만, 용기를 갖고 실천하는 일이 어렵다는 사실을 또래 아이들도 잘 알고 있었다. 더욱이 평소에 워낙 상냥하고 착했던 진수였기에 친구들도 시기나 질투보다는 응원의 시선을 더 많이 보내 주었다. 어느 날 방과 후, 진수는 내게도 자기 채널을 알려 주며 '구독과 좋아요'를 부탁했다. 진수는 생각보다 더 진지하게 유튜브 채널을 운영하고 있었다.

"선생님, 여기 제 유튜브인데 한번 들어와 보세요!"

"와! 선생님한테도 알려 주는 거야? 유튜브도 하고, 진수 너 진짜 대단하다. 근데 선생님이 이 게임은 잘 모르는데."

"아, 여기 보시면 제가 만든 게임 가이드 영상 있어요. 그거 한번 보세요!"

졸지에 게임 공부까지 하게 되었지만, 잔뜩 들떠 있는 진수의 표정에 덩달아 기분이 좋았던 기억이 난다. 그해 진수의 유튜브 채널을 구독하고 자주 들어가 보았다. 다소 엉성한 편집과 자막 속 틀린 맞춤법이 딱 그 나이 때 아이가 만든 것 같아서 귀여웠다. 서툴러도 최선을 다해 만든 정성스러운 영상과 자신감 있는 목소리에서 진수의 열정과 순수함이 느껴졌다. 어떤 지나가는 이가 써 놓은 댓글에 진수가 달아 두었던 답글을 본 기억이 떠오른다.

'댓글 달아 주셔서 감사합니다. 아직 부족하지만, 더 열심히 만들어 볼게요!'

정말 모든 일에 최선을 다하는 진수였다. 동생과 엄마를 챙기고, 집안일을 하고, 학교생활로 바쁜 와중에도 꿈을 좇는 열세 살

아이가 얼마나 있을까. 그것도 한 톨의 불평불만도 없이 말이다.

　진수를 보며 나의 과거를 돌이켜 본다. 나는 어릴 때 어떤 얼굴을 갖고 살았을까. 으레 초등학교 아이들이 그렇듯 별다른 얼굴 없이 살았을 것이다. 가족이라는 튼튼한 울타리 아래 안전하게 보호받으며 사는, 지극히 평범한 어린이의 얼굴이었을 것이다. 한 조각의 부담도, 책임도 없이 그저 어른들의 말을 잘 따르고 건강하게 학교생활을 하면 그것으로 만족할 어린이의 얼굴이었을 것이다. 그래서 세 개의 얼굴을 무던히 살아 냈던 그 시절의 진수가 더욱 대단하게 느껴진다.

　하나의 얼굴조차 제대로 살아 내기 어려운 세상이다. 교사와 학생이 아닌, 사람 대 사람으로서 열세 살의 진수를 다시 마주해 본다. 진수는 어떤 마음으로 살았을까. 주어진 얼굴들이 부담스럽거나 어렵지 않았던 걸까. 아니면 그저 현실을 묵묵히 받아들였던 걸까. 진수의 마음을 정확히 알 도리는 없지만, 그 아이가 1년 동안 보여 준 마음가짐에 웬만한 어른보다 더 넓고 깊은 헤아림이 있었던 것은 분명하다.

Chapter 4

아이들과 함께 산다는 것

아이들과 함께 살다 보면 '내가 이런 것도 해야 해?'라는 말이 절로 나오는 순간이 있다. 소위 뒤치다꺼리하려고 교사가 된 건 아닌데 싶은 허탈한 순간들 말이다.
지금에 와서 돌이켜 보면, 그때 마지못해서 했던 사소한 일들이 앞으로의 내 교직 인생에서 가장 후회 없는 일에 속할지도 모른다는 생각이 든다.

나눔 장터를
누비게 된 사연

"선생님, 이거 어때요? 석준이 주면 좋을 것 같아 샀는데."

초여름이 시작될 무렵, 화장실도 못 갈 만큼 정신없었던 6교시 일과를 끝내고 도움반(특수학급)에 내려갔을 때였다. 잠깐 앉았다 가라며 냉장고에서 시원한 비타민 음료를 꺼내 주신 도움반 선생님께서 큼직한 쇼핑백을 앞에 내밀며 말씀하셨다.

"이게 뭐예요, 선생님?"

도움반 선생님께서는 어리둥절한 표정의 나를 슬쩍 보더니 얼른 열어 보라는 듯 손짓하셨다. 쇼핑백 안에는 초등학생 아이의 것으로 보이는 여러 물건이 장난감 상자처럼 뒤섞여 들어 있었다. 선생님께서는 물건을 하나하나 꺼내며 설명을 늘어놓으셨다.

"이거 책가방인데, 완전 새거예요. 왜, 석준이 맨날 유치원 때 쓰던 꿀벌 모양 가방, 그거 들고 다니잖아요."

도움반 선생님의 손에는 정말 한 번도 안 쓴 듯 깨끗하고 각 잡힌 남색 책가방이 들려 있었다. 군데군데 고동색의 가죽 디테일도 있어서 고급스러운 느낌까지 드는 예쁜 가방이었다. 등굣길 석준이의 등에 달랑달랑 붙어 있던 자그마한 꿀벌 책가방이 생각났다. 6학년이 메고 다니기에 다소 '유아틱'하게 보인다는 것만 빼면, 좀 낡았다는 것만 빼면 쓸 만해 보였는데. 그 꿀벌 책가방이 눈에 계속 밟혀서 어디선가 새것을 얻어 오신 모양이었다. 정성이 대단했다. 짧은 교직 생활을 하는 동안 여러 가치관의 선생님을 만나 왔지만, 이렇게 자기 자식 챙기듯 호의를 베푸는 분은 처음이었다.

그런데 존경스럽다는 생각과 함께 불편한 감정이 슬쩍 올라왔다. 뭔가 아니꼬운 기분이었다. 사실 요즘은 교과서나 준비물을 모두 교실에 두고 다니는 터라 책가방 자체가 큰 의미가 없었다. 방과 후 학원 문제집이나 읽을 책 한두 권 정도를 넣고 다니는 용도라 석준이한테는 더더욱 필요가 없었다. 우리가 이렇게까지 챙겨 줄 필요가 있을까. 앞서 나가는 친구를 질투하는 것처럼 괜히 심통이 났다.

"오, 되게 예쁘네요! 그런데 어디서 나셨어요?"

"이거 아까 오전에 학교 나눔 장터에서 샀죠!"

"나눔 장터요?"

"아, 선생님은 바빠서 올 시간이 없었겠다. 왜, 학부모회에서 나눔 장터 한다고 물건 미리 받았었잖아요. 아까 구름다리에서 행사했어요. 거기 빨리 가서 샀죠."

선생님께서는 주섬주섬 물건을 몇 개 더 꺼내셨다.

"이건 트레이닝복 세트인데 간절기부터 입으면 될 것 같고요, 긴팔 옷도 두 벌 샀어요. 아, 맞다, 새 양말도 무더기로 있길래 이것도 샀어요."

흡족하게 말씀하시는 도움반 선생님을 보며 거센 불만이 목구멍까지 스멀스멀 올라왔다.

'진짜 우리가 이런 것까지 해야 해?'

아무리 석준이가 한겨울에도 반팔을 입고 다닐지언정, 맨발로 실내화를 신고 다닐지언정, 응당 부모가 해야 할 일까지 우리가 하는 게 과연 맞는가 싶은 의구심에서 비롯된 불만이었다. 내 생각이 눈에 보이기라도 한 듯 도움반 선생님은 너그러운 웃음을 지으며 덧붙이셨다.

"석준이 아버지한테 가방 바꿔 달라고 백 번 천 번 말해도 소용이 있어야지요. 이 책가방은 중학생 때까지도 쓸 수 있을 것 같은데, 괜찮죠?"

"아, 네! 그럼요, 선생님! 언제 이렇게 챙기셨어요. 감사합니다. 양말은 혹시 모르니 저도 교실에 한 켤레 갖다 놓을게요."

나는 귀여운 연둣빛 양말 한 켤레를 들고 교실 문을 나왔다. 속으로 '나는 저렇게까진 못 하겠다.'라고 읊조리면서 말이다. 좌

우지간, 석준이는 다정하고 세심하신 도움반 선생님 덕분에 그해 겨울을 따뜻하게 보낼 수 있었다. 트레이닝복 사이즈는 석준이에게 딱 맞았고 남색 책가방도 꽤 잘 어울렸다. 그리고 내가 예상했던 것보다 더, 석준이는 새로운 책가방을 무척 마음에 들어 했다.

그러거나 말거나 나는 절대 도움반 선생님처럼은 못할 것 같았다. 아니, 하고 싶지 않았다. 고경력 선생님들만큼 세심하거나 능숙하지도 못했을 뿐 아니라 '굳이 저렇게까지 해야 해?'라는 반발심이 마음 한구석에 단단히 자리 잡고 있었다. 모든 골치 아픈 문제는 공과 사의 경계가 흐릿할 때 생길 확률이 높으니 말이다.

그런데 절대 하지 않겠다고 단정했던, 무시했던 그 행동을 해야겠다는 결심은 내 의지와 상관없이 마음속 어디에선가 오락실의 두더지 게임처럼 불쑥 튀어 올랐다.

다음 해의 일이다. 6교시 체육 전담 수업이 끝나고 얼굴이 붉게 상기된 아이들이 교실로 올라왔다. 가쁜 숨을 고르는 아이들을 바로 집으로 보내는데 학급 부회장인 은유가 칠판 앞을 서성거렸다. 청소 당번도 아닌데 교실에서 친구들이 다 나가길 기다리는 걸 보니 따로 할 말이 있는 모양이었다.

"은유, 할 말 있어?"

"아 선생님, 그게…."

말간 얼굴의 은유는 우리 학년에서 내로라하는 모범생이었다. 보통 모범생 부류의 아이들은 선생님께 딱히 도움을 요청하는 일이 없는데, 무슨 이야기를 하려고 머뭇거리는지 궁금했다.

"그, 제가 말해도 될지 모르겠는데요, 유림이 얘기거든요."

"유림이?"

유림이는 우리 반의 아픈 손가락인 여학생이었다. 담임교사인 내가 볼 때는 한없이 착하고 귀여운 아이였지만, 또래 집단에서는 조금 답답하다는 이미지를 갖고 있었다. 생각이나 행동이 친구들보다 두 배 정도 느렸다고나 할까. 성격이 너무 순하다 보니 만만하게 보여 쉽게 놀림을 받곤 했다. 은유는 어떻게 말해야 할지 단어를 조심스럽게 고르며 천천히 말을 이어 갔다.

"그, 유림이가 조금 몸이 큰 편이잖아요? 근데 옷이 너무 꽉 붙는 것 같아서요. 여자애들끼리 있으면 상관없는데 남자애들도 있고 하니까 체육 할 때 좀 민망하다고 해야 하나, 그래서요."

학년에서 가장 몸집이 큰 아이 중 하나인 유림이는 키에 비해 체중이 많이 나가는 고도비만에 속했다. 교실에서는 뛰어다닐 일이 없으니 미처 생각하지 못했는데, 피구나 달리기처럼 과격하게 몸을 움직여야 하는 체육 시간을 생각하니 충분히 조심할 필요가 있었다. 짓궂은 사춘기 아이들의 수군거림을 받을지도 몰랐다. 은유에게서 부회장으로서의 책임감이 느껴졌다. 어눌한 이미지 때문에 또래 관계에 간신히 속해 있는 유림이가 놀림을 받을까 걱정됐던 모양이었다.

다음 날 방과 후에 유림이를 불렀다. 반짝거리는 스팽글 자수가 놓여 있는 반팔 티셔츠는 유림이의 몸에 꼭 맞다 못해 터져 나갈 듯 불편해 보였다. 마치 6학년이 3학년 동생의 옷을 빼앗아 입은 것처럼 느껴졌다. 특히 가슴 쪽은 더 꽉 끼어서 시선을 어디에 둬야 할지 민망할 정도였다.

"유림아, 선생님이 말해 주고 싶은 게 있어서 잠깐 불렀어. 체육 할 때는 우리가 몸을 많이 움직여야 하잖아?"

"네!"

"유림이가 이제 한창 키도 크고 몸도 커질 때잖아. 그래서, 위에 옷을 좀 넉넉한 걸 입으면 좋을 것 같아서."

유림이가 혹여 상처받지는 않을까 최대한 조심스럽게 말을 건넸다. 순진한 얼굴의 유림이는 교실이 떠나갈 듯 우렁찬 목소리로 대답했다.

"네! 알겠어요!"

"선생님 말씀 무슨 뜻인지 진짜 알겠어?"

"네! 옷 다른 거 입고 올게요."

그렇게 유림이와 손가락 약속을 했다. 체육 수업이 있는 월요일, 목요일, 금요일마다 품이 넉넉한 옷을 입고 오거나 가볍게 걸칠 옷을 가지고 오기로. 곧잘 까먹는 유림이가 혹시나 놓칠까 싶어 수업 전날 한 번 더 알림장에 써 주었다. 하지만 유림이는 목요일 체육 수업에도 늘 입던, 몸에 꼭 끼는 그 노란색 옷을 입고 왔다. 금요일에도, 다음 주 월요일에도 똑같이 짧고 끼는 티셔츠였다. 유림이가 움직일 때마다 옷이 점점 말려 올라가 배꼽이 보일락 말락 했다.

"유림아, 선생님이랑 약속했던 거!"

"아, 맞다! 까먹었어요."

평소에 숙제나 준비물도 자주 잊어버리던 아이다. 유림이에게 상황에 따라 옷을 스스로 바꿔 입는 건 고난도의 과제일지도 몰랐다. 그러면 다음 단계는 유림이 부모님의 도움을 받는 방법밖에 없었다. 곧바로 전화를 걸었다.

"유림이 어머니, 저 유림이 담임이에요."

"네, 선생님! 안녕하세요!"

유림이 어머니는 반갑게 인사를 했다.

"다름이 아니라 유림이가 체육 활동을 할 때 옷을 좀 불편해하는 것 같아서요. 체육 수업이 있는 월, 목, 금요일에는 좀 더 여유 있는 옷을 입혀 보내 주실 수 있을까요?"

"아, 유림이가 불편하대요? 네네, 알겠습니다."

경쾌한 목소리의 대답이 들려 왔다. 이제 가정에 전달도 했으니 다음 체육 시간부터는 잘 챙겨 입고 올 터였다. 유림이도 이리저리 활동하기 편할 테고, 유림이를 보는 다른 아이들도 더는 민망한 상황을 걱정하지 않아도 될 테고. 그럴 것이라 믿었다. 하지만 상황은 생각대로 흘러가지 않았다. 그다음 체육 시간에도, 다다음 체육 시간에도 유림이는 또 똑같은 옷을 입고 등교했다. 당최, 개선이 되질 않았다.

솔직히 말해서 처음에는 성질이 났다. 직접 전화로 부탁까지 했는데도 아이에게 아무런 신경을 쓰지 않는 어머니에게 화가 났고 답답했다. 스스로 잘 챙기지 못하는 어리숙한 아이라면 집에서 더 꼼꼼히 챙겨 주어야 밖에서 놀림받지 않고 비호감을 사지 않을 텐데, 현실은 그렇지 않았다. 아무도 관심이 없었다. 유림이는 여전히 꼭 끼는 짧은 옷을 입고 친구들 주위를 빙빙 겉돌고 있었다.

아무리 6학년이 되었어도 누군가 도와주지 않으면 스스로 도울 수 없는 아이들이 있다. 이 고립무원의 아이를 지켜 줘야 한다는 어떤 충동이 답답함과 분노를 뚫고 솟구쳤다. 학부모도, 아이 스스로도, 그 누구도 협조하지 않는 상황에조차 문제가 눈에 들어온 이상 포기해 버릴 수는 없는 것이 담임교사가 가진 억울한 딜레마였다.

가장 먼저 한 일은 교실 한구석에 놓인 물품 서랍을 열어 학교 운동회 때 교사 몫으로 나왔던 반 티셔츠를 하나 찾은 것이다. 성인 여성 100 사이즈면 충분할 것 같았다.

"유림아, 이따 점심시간에 이거 갈아입고 체육 다녀와."

"네!"

살짝 헐렁하긴 했지만, 그 짧은 티셔츠보다는 훨씬 편해 보였다. 하지만 1년을 보내기에 고작 티셔츠 한 벌은 턱없이 부족한 숫자였다. 더군다나 날씨도 점점 후텁지근해지는 마당에 유림이는 빨래도 제때 해 오지 못했다.

이 문제를 어떻게 해결해야 할지 혼자 씨름하던 중이었다. 때 아닌 희소식이 들려왔다. 올해도 학부모회 주관으로 나눔 장터가 열린다는 소식이었다. 조금의 관심도 가지지 않았던 작년과 달리, 올해는 '나눔 장터'라는 말을 듣자마자 머릿속에서 전구가 반짝 켜졌다. 여벌 옷을 구할 절호의 찬스였다. 이 좋은 기회를 놓칠 수 없었다. 한 세 벌 정도만 구해 놓으면 일 년 동안 여유 있게 입힐 수 있을 것이었다.

학교 구름다리에서 나눔 장터가 열린 날, 재빠르게 내려가 바닥에 펼쳐져 있는 물건들을 훑었다. 형형색색의 장난감과 동화책 사이로 생각보다 옷 종류는 많이 보이지 않았다. 그래도 그중에서 최대한 품이 넉넉해 보이는 윗도리를 두 벌 골랐다. 중학교 체육복처럼 생긴 통 넓은 반바지도 한 벌 샀다. 다 합해 삼천 원이었다. 6교시가 끝난 뒤, 다른 아이들 몰래 유림이를 불렀다.

"유림아, 이거 사물함에 넣어 놓고 체육 시간마다 돌려 입어."

"이게 뭐예요?"

"체육 시간에 네가 입을 옷."

유림이는 호기심 어린 눈으로 옷을 뒤적거렸다. 마치 작년의 내가 도움반 선생님의 쇼핑백 속 물건들을 훑어보던 눈빛과 비슷했다. 이리저리 뒤적거리던 유림이가 갑작스레 무언가 생각났다는 듯이 말했다.

"아 맞다! 선생님 티셔츠 빨래했는데 안 가져왔어요."

처음 건네준 교사용 티셔츠는 집에만 가져가면 감감무소식이었다. 물론 가져올 것을 기대한 건 아니었기에 상관없었다.

"괜찮아, 그 티셔츠 못 가져온 날 이거 입으라는 뜻이야."

"아! 감사합니다."

유림이는 쇼핑백을 품에 안고 꾸벅 인사를 했다.

"유림아, 이제 곧 중학생이잖아. 부모님이 챙겨 주시지 않아도 너 스스로 챙길 줄 알아야 해."

늘 했던 말을 또 한 번 반복했다. 유림이도 늘 그랬듯이 똑같이 고개를 끄덕였다. 무언가 바뀔 것이라 기대하고 말한 건 아니었다. 그래도 계속 붙잡고 말해 준다면, 멀리서 불어온 바람이 발치의 민들레를 흔들듯 언젠가는 가 닿겠지 하는 마음이었다. 오늘은 알아들었을까. 머릿속 한구석에 기억해 놓으면 좋을 텐데. 내가 유림에게 해 줄 수 있는 건 앵무새처럼 반복해서 말해 주는 것, 그뿐이었다.

솔직히 나눔 장터에서 아이들의 생필품을 구하는 일까지 하고 싶지는 않았다. 과하다고 생각했다. 도움반 선생님께서 석준이의 책가방과 옷이 담긴 쇼핑백을 처음 보여 주셨을 때 어떤 표정을 지어야 할지 무척 곤혹스러웠던 기억이 난다. 선의에도 시비가 걸리는 세상에서 '이런 일'까지 우리가 해야 하는지 묻고 싶었다. 학생의 옷가지를 챙기는 일까지 맡아야 한다는 게 왠지 모르게 자존심도 상했다. 가르치고 싶어 교직에 들어온 내게 나눔 장터는 지나친 선의였고, 공과 사를 분리하지 않는 일이었다.

그렇다면, 유림이의 옷을 구하러 나눔 장터에 가야겠다는 그 충동은 어디에서 솟아난 것이었을까. 사명감이나 책임감이라는 이름으로 거창하게 포장하고 싶지는 않다. 그저 불가항력이었다. 아직 자기 자신을 온전히 챙길 줄 모르는 이 어린아이의 순진한 얼굴을 계속 마주해야 하는 이상, 제대로 챙겨 줄 사람이 하나도 없다는 사실을 알게 된 이상 외면할 수 없는 어떤 인간적인 도리, 거스를 수 없는 마음이 내 안에 쌓인 고집스러운 굳은살을 깎아 버렸다.

교사라는 직업은 참 곤혹스럽다. 자석의 N극과 S극처럼, 공과 사를 아무리 떨어뜨리려고 애써도, 끊어 내려고 안간힘을 써도 용케 찰싹 붙어 버린다. 그렇게까지 할 필요 없었다며 데고 또 데어도, 후회하고 또 후회해도 앳된 얼굴과 순진하게 일렁이는 눈망울을 차마 뿌리치고 떠날 수 없는 게 이 직업의 숙명이라면 숙명일까. 그래서 참 난감하고 고달프다.

씻지 못하는 아이가
생존수영에 참여한다면

　단연코 나의 교직 생활 중 가장 뜻밖이었으나 반드시 해야만 했던 일이 있다면, 바로 '아이를 씻기는 일'이었다. 혹자는 도대체 학교에서 왜 아이를 씻기냐며 의문을 던질 수도 있겠다. 아무것도 모르는 교대생 시절의 나였어도 아마 똑같은 질문을 했으리라.
　'학교에서 아이를 씻길 일이 뭐가 있나?'
　'저학년이 아니라면 스스로 씻는 일은 가능하지 않나?'
　'꼭 필요하면, 보호자가 집에 데려가서 씻기면 되는 것 아닌가?'
　애석하게도, 스물넷 초임 교사가 맞닥뜨린 상황은 이 모든 질문에 반박하는 것이었다. 의무적으로 실시해야 하는 교육과정 중 하나였고, 스스로 씻는 게 어려운 아이였으며, 한낮 애매한 시간에 아이를 데려가서 재빨리 씻겨 줄 보호자도 없는 진퇴양난의 상황이었다.

그 교육과정의 이름은 바로 '생존수영'이었다. 졸업한 지 오래 됐거나 자녀를 아직 초등학교에 보내지 않은 사람에게는 다소 생소한 이야기겠지만, 초등학교에는 도입된 지 10년쯤 된 생존수영이라는 교육과정이 있다. 물과 관련된 현장에서 불시의 사고가 닥쳤을 때 스스로를 지키는 법을 배우는 수업이다. 물에 대한 두려움을 없애고, 위급한 상황에서 침착하게 물에 뜨는 방법을 익히는 것이 목표다. 수영장이 없는 일반 공립학교 안에서는 불가능한 일이기에 우리 학교는 근처 수영 센터와 연계해 3, 4학년 학생을 대상으로 수업을 진행했다. 물이 무섭다거나 트라우마가 있어 결석하는 아이들도 더러 있었지만, 대다수는 반 친구들과 함께 수영하러 간다는 그 사실 자체를 무척 좋아하고 기대했다. 물론, 마음이 붕붕 뜬 조그만 아이들을 버스에 태우고 왕복하는 게 나에게는 꽤 난도 높은 일이긴 했지만 말이다.

여름방학이 지나고 더위가 한풀 꺾였을 즈음, 출산휴가로 자리를 비운 선생님을 대신해 3학년 담임을 맡았을 때였다. 3학년은 9월에 총 네 번의 생존수영이 계획되어 있었다. 생존수영을 나가기 한 달 전, 아이들이 집에서 미리 연습해야 할 내용을 적어 알림장을 보냈다. "3학년이면 혼자 씻죠?"라는 우려 섞인 나의 질문에, 집에서 가르치지 않은 열 살이면 스스로 할 줄 모른다고 연륜 있는 옆 반 선생님께서 일러 주신 내용을 그대로 복사했다.

〈생존수영 가기 전 집에서 해야 할 일〉
1. 수영복, 수모 입고 벗는 연습하기
2. 수영 가방에 자기 물건(수영복, 수경, 수모, 목욕 용품, 수건) 챙기는 연습하기
3. 머리 말리고 몸 닦는 연습하기

'이런 것도 알려 줘야 해?' 하는 것까지 집에서 미리 연습시킬 필요가 있다는 걸 스물넷의 나는 알 턱이 없었다.
"얘들아, 너희 수영복 샀어?"
"나는 수영 다녀서 원래 입던 거 있어!"
"나 어제 수영 모자 쓰는 연습 했다!"
아직 한 달이나 남았는데도 기대에 차 재잘거리는 아이들의 목소리에서 설렘이 잔뜩 묻어났다. 모든 준비는 순조로웠다. 단 한 명, 윤이만 빼면 말이다.
사람을 동물에 비유하는 것이 뭣하지만, 윤이는 이제 막 한 살이 된 새끼 강아지처럼 활달하고 에너지 넘치는 아이였다. 또래보다 키가 작고 마른 편이라 얼핏 1학년처럼 보이기도 했다. 다섯 살 수준의 인지능력을 가지고 있어 특수학급에서 하루의 절반을 보냈는데, 가끔 교실에 올라와 수업을 들을 때도 마냥 천진난만한 얼굴이라 친구들의 귀여움과 보살핌을 받곤 했다. 어디로 튈지 모르는 탱탱볼처럼 여기저기를 휘젓고 다니는 것만 빼면, 손가락 사

이로 자꾸만 빠져나가려는 것만 빼면 아주 예쁘고 사랑스러운 아이였다. 그런 윤이도, 친구들과 함께 생존수영에 가야 했다!

윤이를 포함한 스물일곱 명의 아이들을 무사히 챙길 수 있을까. 인솔하는 것부터 버스에 태우기, 옷 갈아입히기, 씻기고 머리 말리기, 줄 세워서 다시 학교로 오기까지 첩첩산중이었다. 아직 교사로서의 경험치가 덜 쌓인 내게 생존수영은 마지막 버스가 끊긴 밤처럼 아득하게만 느껴지는 일이었다. 그러나 쥐구멍에도 볕 들 날이 있다고 했던가, 걱정이 무색하게도 도움반에서 근무하시는 특수실무사님께서 윤이를 전담 마크 해 주겠다는 연락이 왔다. 이런저런 아이들을 숱하게 겪어 본, 경력 많은 50대 실무사님은 일어나지도 않은 일을 걱정하고 있는 나를 보며 어린 조카 대하듯 달래 주셨다. 그리고 "선생님, 윤이는 신경 쓰지 마시고 다른 아이들에게만 신경 쓰세요. 제가 알아서 할게요."라며 내가 가장 듣고 싶었던 말을 선뜻 해 주셨다. 그 말이 얼마나 감사했는지 모른다.

다행히도 세 번의 생존수영은 무사히 끝이 났다. 교실 문밖을 나선 순간부터 온 신경을 곤두세우고 있어야 한다는 점이 고됐지만, 역시 하다 보면 못할 일 없는 적응의 동물답게 차차 익숙해졌다. 온종일 윤이 옆에 꼭 붙어서 내가 신경 쓸 겨를조차 없게 도와주신 실무사님 덕도 컸다. 수영 수업이 끝난 뒤 보송한 얼굴로 실무사님의 손을 꼭 붙잡고 서 있던 윤이는 갓 목욕한 하얀 몰티즈 같았다. 이렇게 한 번만 더 다녀오면 올해 생존수영은 끝이었다.

그런데 마지막 생존수영 하루 전날, 어쩐 일인지 실무사님이 우리 반 교실을 직접 찾아오셨다. 흰색 마스크를 눈 바로 밑까지 올려 쓴 실무사님의 얼굴은 조금 파리했고, 수척해 보였다. 실무사님은 입을 떼기 전부터 미안해서 어쩔 줄 모르겠다는 표정이었다.

"선생님, 제가 몸살이 나서요. 내일 생존수영은 같이 못 따라갈 것 같아요. 병가를 내려고요. 미안해요."

"아, 선생님, 괜찮아요! 푹 쉬세요."

"선생님, 그런데 윤이 때문에요. 도움반 선생님께 내일 저 대신 생존수영 가실 수 있는지 여쭤봤는데, 다른 아이들 수업이 여러 개 있다고 하시더라고요. 그래서, 혹시 내일만 선생님이 윤이 좀 봐 주실 수 있을까요? 부모님도 못 오실 게 뻔해서…."

특수교육 대상 학생의 비율이 높았던 우리 학교에는 윤이 말고도 도움반 선생님의 손길이 필요한 아이들이 여럿 있었다. 실무사님의 공백을 채워야 할 사람은 당연히 담임인 나였다.

"아, 네! 그럴게요!"

"그, 수영 수업 끝나기 10분 전에 윤이 먼저 데리고 나오시면 장애인용 샤워실이 따로 있어요. 거기 가셔서 수영복 벗으라고 말씀하시고 물 몇 번 끼얹어 주세요. 샴푸는 굳이 안 하셔도 돼요."

"네? 씻기는 거요? 아, 해야죠, 네네."

윤이의 손을 꼭 붙잡고 오고 가는 것만 생각했지, 씻겨야 한다는 생각까지는 미처 못 하던 차였다. 경쾌한 대답과는 다르게 얼빠진 내 표정을 보신 선생님께서는 결혼도 안 한 어린 선생님께 이런 부탁을 해 미안하다며 난감한 표정을 짓고 돌아가셨다. 짧은 순간에 세 가지 생각이 동시에 머릿속을 스쳐 지나갔다. 첫 번째로는 '아, 씻기는 건 좀 부담스러운데?' 하는 생각, 두 번째로는 '괜히 내가 씻겼다가 실수하면 어떡하지?'라는 생각, 마지막 세 번째는 '담임은 이런 일도 해야 하는 건가?'라는 생각이었다. 못 하겠다고 하기엔 책임감 없어 보이고, 넙죽 알았다고 하기엔 찜찜했다. 누군가는 꼭 해야 할 일이라는 건 머리로만 간신히 이해할 수 있었다.

    마지막 생존수영을 가는 당일이었다. 윤이와 스물여섯 명의 아이들은 수영 수업에 그새 흥미가 붙었는지 꽤 능숙하게 물속을 헤집고 돌아다니며 마지막 시간을 즐겼다. 나는 반드시 달성해야 하는 목표가 생긴 미어캣처럼 목을 빼고 수업이 끝나기만을 기다렸다. 해야 할 일이 생기니 그저 초조했다. 수업 종료 10분 전, 수영장으로 후다닥 내려가 윤이를 부르며 손짓했다. 눈이 마주친 윤이는 잔뜩 젖은 채 어미 오리에게 다가가는 새끼 오리처럼 종종걸음으로 걸어왔다. 나는 재빨리 윤이의 손을 잡고 실무사님이 미리 주신 수영복 가방을 챙겨 장애인용 샤워실로 향했다.

    "윤아, 수영복 벗어 봐. 후딱 씻고 나가자."

    윤이는 거리낌 없이 수영복을 벗더니 둘둘 말린 수영복을 구석에 팽하니 던져 버렸다. 그러더니 냅다 오줌을 쌌다. 변기에 말고, 그냥 바닥에 말이다. 그때의 기분은 말로 표현할 수 없다. 머리가 지끈거렸다.

"야, 최윤! 너 여기서 오줌 싸면 어떡해?"

윤이는 킬킬대며 웃었다. 뭐가 됐든 빨리 씻고 나가야겠다는 생각이었다. 윤이로부터 두 발자국 뒤에 물러서서 샤워기로 따뜻한 물을 쏘았다.

"윤아, 한 바퀴 돌아! 그리고 몸 이렇게 문질러."

내가 몸을 비비는 흉내를 내자 윤이는 샤워기의 물을 맞으며 제자리에서 몇 바퀴를 돌았다. 내 생각보다 윤이는 더 깡마른 체구를 갖고 있었다. 혹시나 발을 헛디뎌 미끄러질까 조마조마한 선생님 마음은 아는지 모르는지, 윤이는 한여름 공원 분수에서 노는 것처럼 잔뜩 발장구를 쳤다.

원래 계획했던 목표는 물로만 몸을 대강 헹구고 마는 것이었다. 수영 가방에서 수건을 꺼내려 손을 뻗는데, 갑자기 윤이의 축축한 머리카락이 눈에 들어왔다. 분명 샴푸까지는 안 해도 된다고 했다. 다른 아이들도 집에 가서 바로 다시 씻는 경우가 많아 샴푸를 대충 하거나 아예 하지 않고 집에 돌아가곤 했다. 그런데 과연, 윤이가 집에 가서 다시 씻을까? 내일 아침에라도 다시 머리를 감고 올 수 있을까? 의문이 내 의지와 상관없이 머릿속을 가득 채웠다. 윤이 아버지는 밤늦게 집에 들어오셨고, 집에 아이를 살뜰히 챙겨 줄 만한 다른 어른이 따로 없었다. 평상시에도 잔뜩 기름진 머리로 등교하곤 했던 윤이를 떠올려 봤을 때, 대답은 완벽한 '아니요'였다. 못 본 척하는 게 이리 어려운 일이었다.

"윤아, 고개 숙여 볼래?"

윤이는 무릎에 손을 짚으며 익숙하게 머리를 내 쪽으로 내밀었다. 그리고 뭘 하려는지 안다는 듯 눈을 잔뜩 찡그리며 감았다.

"눈 따가우면 말해?"

나는 샴푸를 손에 살짝 덜어 거품을 내고서, 내 머리를 감을 때처럼 윤이의 머리카락을 조물조물 문질렀다. 윤이의 머리는 두 손 안에 전부 들어오고도 남을 만큼 작았다. 아직 열 살이라 그런지 머리숱도 적어서 몇 번 문질렀더니 거품으로 금세 꽉 차 버렸다. 그 모습에 뭔가 웃음이 터졌다. 지금은 몰티즈가 아니라 하얗고 풍성한 털을 가진 비숑프리제 같았다. 머리카락을 꼼꼼히 헹구고 물기를 탁탁 털었더니 윤이도 피식피식 웃었다. 수건을 건네주며 물었다.

"윤아, 시원해?"

"네!"

"수영 어땠어?"

"재밌었어요!"

그래, 그거면 됐다고 생각했다. 내가 씻은 것도 아닌데 갑자기 기분이 개운해졌다. 밖으로 나오니 그새 씻고 나온 남자아이들이 로비에 앉아 놀고 있었다. 여자 탈의실 입구에서 나머지 아이들이

나오길 기다리는데, 갑자기 오른쪽 손에 보들보들하고 따뜻한 감촉이 느껴졌다. 윤이의 조그만 손이었다. 실무사님의 손을 꼭 잡듯 내 손을 잡더니 아무렇지 않은 척 딴청을 피웠다. 손만 잡았을 뿐인데 마음이 뜨끈해지는 건 왜였을까. 손의 열기가 그새 마음까지 전달되었나. 뭐라 말로 표현할 수 없는, 편안한 따스함이었다.

무엇 때문인지 정확히 설명할 수는 없지만, 그냥 막연히 잘했다는 생각이 불쑥 솟았다. 윤이의 촉촉한 머리카락과 하얀 콩 같은 정수리를 보니 더 그랬다. 조금 전 샤워실에서 윤이의 푹 젖은 머리카락을 못 본 척했더라면, 이 정도까지 할 필요는 없다며 선을 그어 버렸다면, 나는 며칠 못 가 후회했을지도 모르겠다.

지금은 길 가다가 마주쳐도 못 알아볼 정도로 훨씬 컸겠지만, 아직도 내 기억 속의 윤이는 오른손을 꼭 붙잡고 놔주지 않았던 열 살짜리 꼬맹이다. 솔직히 윤이를 씻겨야 한다는 말을 처음 들었을 때 '꼭 해야 하나' 싶은 마음이 컸다. 하기 싫었고, 부담스러웠고, 귀찮은 뒤치다꺼리라고 생각했다. 남자 형제도, 어린 사촌 동생조차 없는 내게 누군가를 씻긴다는 것이 생경한 일이었거니와 그 대상이 우리 반 학생이 될 줄은 꿈에도 몰랐기에 더 내키지 않았다. 하지만 시간이 지나고 나서 돌아보니 꽤 괜찮은 선택이었다. 아니, 마지못해서 한 그 일이 내 교직 인생에서 가장 잘한 일에 속할 수도 있겠다는 생각이 든다.

교직이라는 일이 내게 언제까지 허락될까. 앞으로 얼마나 많은 '뒤치다꺼리'의 순간들을 마주하게 될지 생각만 해도 눈이 뻐근해지고 골치가 아프다. 하지만 좋은 마음으로 묵묵히 해 보자고 다시 결심한다. 못 본 척할 수 없는 마음들이 모여 꼭 필요한 아이들에게 가 닿는다고 믿기 때문이다. 그 투박한 관심과 도움의 손길이 몇몇 아이들의 하루를 더 평온하게 지켜 줄 것이라 믿기 때문이다. 그리고 그 관심과 손길이 곧 내 마음을 따뜻하게 데워 주는 장작불로 되돌아올 것이라는 걸, 이제는 안다.

선생님은 '진짜' 친구가 되어 줄 수 있을까

초등학교 고학년 여학생들의 친구 관계란 복잡다단하기 그지없다. 비눗물이 묻은 빨대에 숨을 불어넣을 때 동그란 거품이 알알이 방울져 올라오듯 사춘기 소녀들의 지난한 친구 문제는 6학년 교실에서 빈번히 생기고 터지길 반복했다. 분명히 며칠 전까지는 서로 파자마 파티에 초대할 정도로 가까운 사이였는데 모종의 이유로 데면데면해졌고, 똘똘 뭉쳐 잘 지내던 네다섯 명의 무리에서 갑자기 한 명이 외따로 떨어져 나왔다. 은근히 거리가 벌어졌다가 다시 좁혀지는 일은, 걷다 보면 돌멩이가 발에 채는 것처럼 일상다반사여서 놀랍지도 않았다.

그 까다롭고 복잡한 관계 속에서 고학년 담임의 역할은 분명했다. 엄마 아빠만 찾던 세월이 무색하게 친구 관계가 인생의 전부가 되어 버린 사춘기 아이들이 최대한 상처받지 않도록 적당한 조언을 해 주는 것과 돌이킬 수 없는 곤란한 상황을 대비하는 것이었다. 그 정도면 담임으로서 도리를 다한다고 생각했다. 그랬기에 희정이를 처음 만났을 때, 나는 무척 난감할 수밖에 없었다.

  서먹서먹한 3월의 첫째 주, 자기소개를 하는 시간이었다. 여러 가지 질문이 적힌 종이를 나누어 주고 한 명씩 돌아가며 자기소개를 할 것이라 설명한 뒤 답을 적는 시간을 주었다. 새 학기라고 힘이 잔뜩 들어간 아이들은 책상에 얼굴을 묻고 사각사각 연필 소리만 냈다. 그중 희정이는 2분단 맨 앞자리에 앉아 있었다. 희정이는 6학년에 올라올 때 이름 옆에 하얀색 별 표시가 있던 아이다. 미리 전해 듣기로 희정이는 경미한 지적장애가 있고, 선천적으로 시력이 좋지 않은 편이라고 했다. 2분단 옆으로 슬쩍 지나가며 희정이가 쓰고 있는 활동지를 들여다보았다. 생각했던 것보다 글쓰기는 잘하고 있었다. 따로 옆에서 설명해 주지 않아도 종이에 적힌 질문의 뜻을 이해할 줄 아는 듯 보였고 자기 생각도 문장으로 적을 수 있었다. 그런데 삐뚤빼뚤하게 적힌 투박한 글씨 사이로 유독 반복되는 단어가 눈에 띄었다. 바로 '친구'였다.

〈나를 소개해요!〉
Q: 내가 가진 장점은 무엇인가요?
A: 그림 그리기
Q: 내가 가진 약점은 무엇인가요?

A: 친구가 없다

Q: 올 한 해 어떻게 6학년 생활을 보내고 싶나요?

A: 친구 사귀고 싶어요

보통 6학년쯤 되면 설령 친구가 단 한 명도 없는 게 사실일지라도, 그 사실을 대국민 공개 하듯이 첫 시간에 적진 않았다. 이제는 솔직함이 약점이 될 수도 있다는 사실을 아는 나이이기 때문이다. 희정이가 굳이 새로 만난 친구들에게 첫날부터 자신의 결핍을 드러낼 필요는 없어 보였다. 나는 희정이 옆으로 바짝 다가가 다른 아이들에게 들리지 않도록 소곤소곤 말했다.

"희정아, 지금 적은 내용도 좋은데, 이거 말고 6학년 때 이루고 싶은 다른 목표는 없을까?"

가늘게 실눈을 뜬 희정이는 나를 잠시 쳐다보더니 왜 그래야 하는지 묻지도 않고 지우개로 글씨를 박박 지웠다. 그리고 이내 내용을 바꿨다.

Q: 내가 가진 약점은 무엇인가요?

A: 달리기가 느리다

Q: 올 한 해 어떻게 6학년 생활을 보내고 싶나요?

A: 공부 열심히 할게요

새 학기 첫날부터 친구가 없다고 대놓고 적어 낸 아이는 처음인지라 신경이 꽤 쓰였다. 고학년 여학생의 친구 문제만큼 터지면 골치 아픈 일도 없었다. 일과가 끝나고 희정이를 오랫동안 봐 오신 도움반 선생님께 전화를 걸었다.

"선생님, 안녕하세요? 저 희정이 담임이에요. 자기소개 활동지를 하는데 희정이가 자꾸 친구가 없다는 얘기를 적더라고요."

"아, 희정이요? 매년 그래요. 저학년 때는 좀 나았는데 이제는 애들도 머리가 다 커서 희정이랑 안 놀려고 하죠."

잔뜩 우려 섞인 내 목소리와 달리 도움반 선생님은 늘 있었던 일인 양 태연하게 대답하셨다.

"아 그래요? 어떻게 친구라도 좀 붙여 줘야 할까요?"

"생기면 좋기야 하겠지만, 억지로는 하지 않는 게 좋아요. 작년이랑 재작년에 친구 좀 붙여 주려고 했다가 다른 학부모님들께 전화 왔었어요. 자기 애가 너무 부담스러워하고 스트레스 받는다고요."

"희정이 부모님은 별말 없으시고요?"

"희정이 어머니는 아예 아이 일에 관심이 없으세요. 친구 문제는 뒷전에 뒷전쯤 될걸요. 아, 그것보다 선생님, 희정이한테 냄새 나지는 않나요? 심하다 싶으면 도움반 내려보내 주세요. 머리 감는 법도 여기서 가르쳐 줬는데 잘 안되더라고요."

그랬다. 희정이는 친구가 아예 없었다. 아니, 친구는커녕 교실에서 잠깐이라도 소통하는 또래가 단 한 명도 없었다. 아이들은 말이 잘 통하지 않고 어리숙한 데다가 꿉꿉한 냄새를 풍기는 희정이를 피했다. 교실에서 안 그래도 좁았던 희정이의 영역은 점점 옴짝달싹도 할 수 없을 만큼 좁아지고 있었다. 담임인 나라도 의식해서 이름을 불러 주었기에 망정이지, 그조차도 없다면 이 아이의 존재 자체가 교실에서 사라질 것 같은 느낌이었다. 여러 명 사이 겹겹이 쌓인 친구 문제가 아닌, 철저히 고립되어 혼자 남아 버린 아이의 인간관계 문제란 참으로 난감했다. 아무도 서지 않는 정류장에서 눈이 오나 비가 오나 하염없이 버스를 기다리는 모습, 그게 바로 희정이의 모습이었다.

코로나의 여파로 교실 책상 배치를 짝꿍 없이 두었던 상태라, 다행인지 불행인지 아이들이 희정이와 함께하는 문제로 갈등을 빚지는 않았다. 희정이의 고립은 내 눈에만 보였다. 늘 그랬듯, 희정이는 친구들 주위를 서성이다 자리로 돌아가는 짧은 거리의 소풍을 반복하며 하루하루 시간을 보냈다. 그러나 안타깝게도 학교라는 사회화의 공간과 단체 활동은 절대 분리될 수 없는 것이 현실이었다.

따뜻한 날씨가 기분을 들뜨게 했던 6월의 자율 활동 시간이었다. 몇 주 전부터 아이들이 학급 보상으로 '짝 피구'를 하자고 졸랐다. 짝 피구는 기존의 피구 룰을 조금 변형한 것인데, 두 명이 짝을 지어 하나의 목숨을 갖게 된다. 두 명이 앞뒤로 서고 뒷사람이 앞

사람의 등이나 허리를 잡은 채 게임에 참여한다. 앞에 선 사람은 아무리 공을 맞아도 죽지 않지만, 뒤에 선 사람이 공에 맞으면 그 짝은 둘 다 탈락하게 된다. 일종의 '공주님 보호하기' 규칙이었다.

워낙 체육을 좋아하고 알아서 잘하는 아이들인지라 걱정되는 점은 별로 없었다. 하지만 단 하나, 희정이가 마음에 걸렸다. 희정이와 선뜻 짝이 되어 줄 아이가 없을 것 같은 불길한 예감이 들었다. 그렇다고 이 한 명 때문에 대다수가 원하는 놀이를 하지 않을 수도 없는 노릇이었다. 처음에는 내 권한으로 번호 순서대로 짝을 지어 한 게임을 하기로 했다. 희정이의 앞 번호 여학생이었던 소연이는 조용하고 착실한 아이였다. 내심 챙겨 주길 기대했지만 소연이는 희정이에게 자신의 등을 결코 내주지 않았다. 잡아도 된다고 굳이 말하지도 않았다. 그저 희정이는 엄지와 검지로 작은 집게 손을 만들어 소연이의 옷자락을 살짝 잡을 뿐이었다. 두 아이는 하나도 아니고 둘도 아닌 듯 애매하게 공을 피하다가 금방 탈락해 버렸다.

"선생님! 이번에는 원하는 사람이랑 짝해요!"

아이들이 들뜬 표정으로 제안했다. 그래, 한번 기회를 줘 보자, 생각하고 두 명씩 짝을 만드는 것을 가만히 지켜보았다. 아이들은 분주하게 짝을 찾아 나섰다. 그 속에 남겨진 희정이는 도로변에 우두커니 서 있는 가로등 같았다. 빠르게 움직이는 자동차들 옆에서 묵묵히 자리를 지키고 있는 가로등처럼 희정이의 시간은 정지하고 다른 아이들의 시간은 빨라진 것 같은 착각이 들었다. 희정이가 혼자 남게 될 게 자명했다. 안 되겠다 싶어 나는 아이들을 향해 재빨리 엄포를 놓았다.

"여러분, 한 친구라도 남게 되면 다시 번호대로 할 거예요. 조율이 필요하면 선생님께 오세요."

운동장 한쪽 구석에서 여학생 세 명이 난감한 표정으로 서 있었다. 물어보지 않아도 셋 중에 누가 희정이와 짝을 할 것인지 고민한다는 걸 알 수 있었다. 자기들끼리 가위바위보를 하거나, 정 안되면 선생님께 도움을 구하겠지 싶은 마음으로 기다렸다.

"저기, 선생님."

얼마 되지 않아 도움을 요청하는 목소리가 들렸다. 내리쬐는 햇빛을 피하며 고개를 들었다. 그런데 목소리의 주인공은 예상했던 세 여학생 중 한 명이 아닌 희정이였다. 희정이는 무릎을 짚는 시늉을 하며 말했다.

"선생님…. 저 다리 아파요. 앉을게요."

당황스러웠다. 조금 전까지 멀쩡하게 뛰어다녔는데 갑자기 다리가 아프다니. 아무리 몸이 아플지라도 꾹 참고 단체 활동에 참여할 아이가 바로 희정이었다. 이런 체육 활동을 이 아이가 얼마나 좋아하고 기다렸던가. 곤란한 분위기를 알아채고 스스로 빠져 주려는 게 분명했다. 차라리 눈치라도 없으면 좋았을까, 안타까웠다. 머릿속에서 여러 생각이 부딪쳤다. 아무것도 모르는 척 희정이를 쉽게 할 수도 있었다. 그렇다면 모든 게 평화롭고 무탈하게 흘러갈 것이었다. 나도 더는 신경 쓰지 않아도 되고 다른 아이들도 즐겁게 피구를 할 게 분명했다. 그런데, 그렇다면 희정이는? 이번 피구는 그렇다 쳐도 다음에 또 짝 활동이나 모둠 활동이 생긴다면? 중학교에 가서는? 성인이 되어서는? 차마 희정이에게 스스로 비켜 주는 삶을 연습시킬 수 없었다.

"희정아, 너 진짜 아프니?"

"…"

가늘게 뜬 눈의 희정이는 아무 말 하지 않고 그저 무릎을 매만졌다.

"선생님이랑 할래?"

"…"

"할 수 있지?"

"…네."

그렇게 희정이와 나는 한 팀이 되었다. 아이들이 던지는 피구공이 제법 세서 경기하는 내내 후회를 했다. 솔직히 말하면 내가 열세 살짜리 아이들 틈에 껴서 이렇게까지 뛰어다녀야 하나 싶은 마음도 들었다. 다행히 우리 둘의 팀워크는 아까 소연이와 짝꿍을 했을 때보다 괜찮았는지 좀 더 오랜 시간을 버틸 수 있었다. 게임이 끝나고 땀을 뻘뻘 흘리는 희정이를 보며 말했다.

"희정아, 가서 세수하고 교실로 들어와."

"네."

운동장 한가운데를 냅다 뛰어가는 희정이의 뒷모습을 가만히 지켜보았다. 역시나 무릎은 멀쩡했다.

그 뒤에도 여러 일이 있었다. 희정이와 나는 졸업 기념으로 떠난 현장체험학습에서 4인용 레일바이크를 함께 탔다. 한 시간 동안 부지런히 페달을 돌리면서 무슨 생각을 하는지 도통 알 수 없는 희정이에게 이것저것 말을 붙였던 기억이 떠오른다.

"희정아, 너 레일바이크 타 봤어?"

"아니요."

"희정아, 점심으로 닭갈비 먹을 건데 좋아하니?"

"네."

"희정아, 중간에 사진 촬영하는데 그때 브이해, 브이."

"네."

"희정아, 오늘 재밌어?"

"네."

나는 질문만 했고, 희정이는 대답만 했다. 희정이의 눈을 제대로 마주칠 수 없으니 마음도 도무지 읽을 수가 없었다. 레일바이크는 즐거웠을까. 선생님이랑 타는 건 괜찮았을까. 사실, 지금까지도 잘 모르겠다.

아이들은 하루가 다르게 커 갔다. 사춘기를 겪으며 교실 속 인간관계도 소용돌이쳤지만, 희정이는 예외였다. 6학년의 끝자락이 올 때까지 희정이는 물과 기름처럼 아이들과 섞이지 못했다. 제법 중학생티가 나기 시작할 즈음이었다. 졸업식에 상영할 반별 졸업 영상이 필요해 희망하는 아이들끼리 짝을 지어 만들도록 했다. 관심 있는 아이들은 끼리끼리 모여 간단한 연극을 짜거나 친구 인터뷰를 준비하기 시작했다. 나머지 아이들은 자유 시간을 보냈다. 각자 알아서 시간을 보내고 있는 와중, 갑자기 희정이가 교탁 앞으로 다가왔다. 그리고 아주 자연스럽게 자신이 그린 스케치북 그림 몇 장을 들어 눈앞에 보여 주었다.

"선생님."

"…응?"

"이거 찍어 줄 수 있어요?"

"그림?"

"네, 저도 영상 만들고 싶어요."

"…"

"해도 되나요?"

"…그럼!"

희정이의 표정에는 거리낌이 없었다. 한 치의 그늘 없이 평온해 보이던 희정이의 얼굴이, 두 손에 그림을 들고 내게 자랑스레 보여 주던 희정이의 모습이 아직도 사진처럼 기억에 남아 있다.

친구와 관계 맺는 일은 사람의 마음이 움직이는 일이다. 교실의 유일한 관찰자로서 스물여섯 명의 아이들이 서로 맺고 방황하고 끊어 내는 모습을 지켜보니 그렇다. 누군가에게 아무리 긍정적인 신호를 보내도, 상대방이 호감으로 수신하지 않는다면 원하는 관계가 만들어지기 어렵다. 그 섬세하고 예민한 상호작용에 다른 사람이 관여하는 일은 더욱 어렵다. 교사라고 해서 딱히 특별한 해결책이 있는 것도 아니다. 그저 가능성이 높아 보이는 최적의 상황을 만들어 주고 관계를 잘 맺기를 소망할 뿐이다. 친구 관계는 다른 사람이 억지로 이어 줄 수도, 떼어 놓을 수도 없다.

이 사실을 아이들도 한 살 두 살 먹어 가며 깨닫는다. 상대방의 '친해지고 싶지 않다'는 불호의 감정을 자기 마음대로 어떻게 할 수 없다는 것을 이해해 간다. 노력으로 해결할 수 없는 영역이라는 것도 알아 간다. 친구 관계에서 어떻게 하면 호감을 살지 경험으로 체득하고, 여러 방식으로 시도하다가 뜻대로 되지 않으면 포기하거나 해탈해 버리는, 다소 마음 아픈 과정을 거치며 아이들은 큰다. 그래서 더욱 난감했다. 친구를 바라면서도 어찌할 줄 모르는 채 기다리고만 있는 열세 살 희정이가, 어쩌면 피터팬처럼 언제까지고 그 세계에 남아 있을지 모를 희정이의 모습이 가슴 아팠다.

단 한 명의 친구도 없는 아이가 있다면 선생님은 그 역할을 대신할 수 있을까. 내가 내린 답은, 선생님은 결국 친구가 되어 줄 수 없다는 것이다. 교실에서 반갑게 인사를 나누고, 아이돌 이야기를 하면서 쉬는 시간을 함께 보내고, 방과 후 수업을 기다리며 같이 휴대폰 게임을 하고, 모둠 활동을 할 때 먼저 다가갈 수 있는 친구. 희정이가 원하는 그런 친구는 되어 줄 수 없다. 그래서, 그저 우두커니 곁에 있는 사람이 되어 주고 싶었다. 친구는 아니어도 이름 석 자를 불러 줄 수 있는 사람, 꼭 필요한 순간에 무언가를 같이 할 수 있는 사람, 눈치 보지 않고 관계를 이어 갈 수 있는 사람, 어쩌면 친구보다는 동료에 가까운 그런 사람이 되어 주고 싶었다. 내 시도들이 희정이에게 좋은 기억으로 남았을지는 알 수 없지만 말이다.

    이제는 고등학생이 됐을 희정이가 어떻게 지내고 있을지 궁금하다. 아직도 또래 친구들을 찾고 있을까. 혹여 마음속에 단단한 자물쇠를 걸어 잠근 건 아닐지 한편으로 걱정도 된다. 그저 그 아이의 주변에 '희정아' 하며 이름을 다정하게 불러 주는 사람이 단 한 명이라도 있다면 참 좋을 텐데, 간절히 소망할 뿐이다.

나의 헌 노트북에 기회라는 이름이 붙은 이유는

　지극히 평범한 동네의 평범한 집에서 무난한 학창 시절을 보내 왔기에, 부유하지는 않아도 자식이 다니고 싶어 하는 학원 한두 개쯤은 보내 주실 수 있는 부모님 밑에서 자라 왔기에 모든 실패를 노력 부족 탓으로 쉽게 치부해 버리는 사람이 바로 나였다. 아는 만큼 보인다고 했던가. 누구나 비슷한 환경 속에서 산다고 생각했기에 어떤 일이 잘 풀리지 않는다면 그 까닭은 오롯이 노력하지 않는 자에게 있다고 섣부른 단정을 했다.

　'더 많이 노력하면 되지!'

　'더 시간 내서 하면 되지!'

　'할 수 있는데, 네가 안 한 거 아니야?'

　네가 더 열심히 노력하면 됐는데, 그렇게 안 했으니 결과는 오로지 네 책임이라는 말이 참 가벼이 나왔다. 자세한 사정도 잘 모르면서, 아니 관심을 가지려는 수고조차 기울이지 않고 떠오르는 말을 쉽게 내뱉었다.

오만하고 편협한 생각은 교대생 시절까지 이어졌다. 대학 1학년 때 필수로 수강해야 하는 영어 회화 수업이 있었다. 외국인 교수가 영어로 수업을 하는데 몇몇 동기들이 원어민 못지않게 유창한 영어 회화 실력을 뽐냈다. 저 애들은 도대체 언제 회화 공부를 한 걸까, 대단하고 신기하고 부러웠다. 고등학교 내내 기계적인 수능 영어 문제 풀이밖에 할 줄 몰랐던 내 실전 듣기 실력은 형편없었고 영어 발음은 처참했다. 혹여 교수님이 질문이라도 할세라 맨 뒷자리를 가장 먼저 찾아 앉기 바빴다.

꾸역꾸역 출석 채우기 바빴던 그 수업에서 나는 딱히 기쁠 정도도 실망할 정도도 아닌 'B-'라는 점수를 받았다. 그리고 영어 회화 실력이 부족한 까닭을 내 안에서 찾으려 무진장 애를 썼다. 학창 시절에 어깨너머로 보았던 친구들의 실패를 노력 부족 때문이라고 쉽게 확신했던 것처럼 말이다. 내가 영어 회화를 잘하지 못하는 이유는 고등학생 때 회화 공부를 따로 하지 않았기 때문이고, 동기들만큼 열심히 노력하지 않았기 때문이어야만 했다. 그래야 말의 앞뒤가 맞았다.

시간이 지난 뒤, 그들과 친해진 후에서야 알게 되었다. 영어를 무척 능숙하게 잘했던 친구들 대부분이 영어를 사용할 기회가 많았던 특목고 출신이며 중고등학교 때 어학연수를 다녀온 경험이 있었다는 사실을 말이다. 특별한 능숙함에는 타당한 이유가 있었다. 하지만 그들이 영어를 잘할 수밖에 없는 불변의 사정이 내 마음에 위안을 선사하는 건 아니었다. 여전히 내 노력이 부족한 건 아니었을까, 할 수 있는데 내가 하지 않은 건 아니었을까, 자꾸만 스스로를 탓하고 의심했다. 그래야 마음이 편했다.

어쩌면 스무 살의 나는 영어 회화를 배울 기회가 없었다는 현실을 차마 받아들일 용기가 없었던 걸지도 모르겠다. 환경이 뒷받침되지 않으면 개인의 노력으로 극복할 수 없는 분야도 있다는 사실을 받아들이기에는 아직 설익은 나이였다. 기름진 음식을 잔뜩 먹은 것처럼 거북했던 그 마음은 한동안 머릿속을 맴돌다 사라졌고, 시간이 흘러 나는 교단에 섰다. 그리고 교실에서 만난 영준이라는 아이에게서 스무 살 시절의 그 마음을 다시 마주하게 되었다.

첫 발령을 받은 학교에서 있었던 일이다. 그해 우리 반이었던 6학년 아이들은 지금도 가끔 생각날 정도로 유달리 순수하고 예뻤다. 그중 영준이는 누가 봐도 '꼬마 아인슈타인'의 얼굴을 한 아이였다. 한 반에 한 명씩 꼭 있을 법한, 학구적 의욕이 가득한 아이 말이다. 수업 시간 내내 검은 뿔테 안경 뒤로 초롱초롱한 눈이 반짝였고, 호기심을 품은 질문들을 총알처럼 잔뜩 장전하고 있었다. 그 질문들은 간혹 초등학교 6학년 수준을 넘을 때도 있어 나도 종종 긴장하곤 했다.

영준이는 전형적인 이과 체질의 아이였다. 학교 수업 시간 중 수학과 과학 시간을 가장 기다렸고, 특히 과학 지식과 관련된 책 읽기나 토론 활동을 좋아했다. 그중에서도 '광물'이나 '기생충'에 큰 관심을 가졌다. 영준이의 카카오톡 프로필에는 인터넷에서 내려받은 이름 모를 기생충 사진들이 박물관처럼 전시되어 있었다.

영준이는 온몸의 세포가 '저 할래요!'라고 말하는 것처럼 열정적인 기운을 내뿜는 아이였다. 이맘때쯤 찾아온다는 사춘기는 어디 갔는지, 숨거나 귀찮아하는 것 하나 없이 뭐든지 하고 싶어 하는 그 모습이 참 예뻤고, 빛이 났다. 세상 모든 것이 영준이에게는 놀잇감이었다. 사실 그런 영준이의 호기심을 충족하기에 학교는 다소 좁은 편이었다.

10월의 어느 날이었다. 지역 교육지원청에서 보내 온 공문을 훑어보다가 행사 하나가 눈에 띄었다. 관내 5~6학년 학생들을 대상으로 과학 토론 수업을 할 예정인데 학교별로 한 명씩 참가할 학생을 추천해 달라는 내용이었다. 평소였다면 별 관심 없이 종료 버튼을 눌러 버렸을 거였다. 그런데 갑자기 한 얼굴이 머릿속에 뭉게뭉게 떠올랐다. 바로 국어 수업 시간에 집에서 써 온 빼곡한 토론지를 들고 열띠게 발언하던 영준이의 얼굴이었다.

아, 좋아할 게 분명했다. 하면 진짜 재미있게 잘할 것이었다. 영준이 같은 아이들을 위해 마련된 수업이었다. 아마 영준이에게 살짝 귀띔만 해도 함박웃음을 지어 보일 게 분명했다. 그런데 한 가지, 걸리는 부분이 있었다. 공문 내용에 반드시 갖추어야 할 준비물로 '컴퓨터 또는 노트북'이 떡하니 적혀 있었는데 그게 좀 신경 쓰였다. 아직 코로나가 유행하던 터라 줌을 이용해 토론 수업을 진행하겠다는 교육지원청의 의도는 합리적이었다. 하지만 컴퓨터나 노트북이 그리 당연하게 존재할 수 있는 물건이 아니라는 사실을 이곳에 와서 체감하고 있었던 까닭에 왠지 모르게 불안해졌다. 일단 물어보자, 쇠뿔도 단김에 빼랬다고, 영준이를 불러 단도직입적으로 물었다.

"영준아, 너 토론해 볼래?"

"네? 토론이요? 어디서 하는 건데요?"

예상했던 대로, 검은 뿔테 안경 뒤 영준이의 눈이 번쩍였다.

"여기 지역 교육청에서. 우리 학교에서 추천된 학생만 할 수 있는 건데, 영준이가 토론 워낙 좋아하니까 선생님이 추천하고 싶어서. 토론 전문 선생님이 수업해 주신대. 여기 시간표 봐 봐."

"와, 진짜요? 제가 해도 되나요?"

"그럼! 영준이 네가 하고 싶은 생각만 있다면."

"저 할래요. 해 보고 싶어요!"

"그럴래? 그러면 오늘 집에 가서 부모님께 여쭤봐. 준비물은 컴퓨터나 노트북만 있으면 된대."

그 순간 영준이의 표정에 당황한 기운이 어렸다.

"…아, 컴퓨터나 노트북이요?"

"응, 줌으로 토론한다고 하니까."

"제가 집에 그런 게 없는데…."

그럴 것 같았다. 우려가 현실이 되었다. 영준이의 눈이 빛을 잃고 실망으로 일렁거렸다.

"그래? 영준아, 그러면 무리하지 않아도 괜찮아."

꼭 참가해야 하는 일도 아닌데 혹시나 부담감을 느낄까 싶어 괜찮다는 뉘앙스를 풍겼다. 그러자 영준이는 오히려 선생님이 제안을 없었던 일로 할까 걱정됐는지 재빨리 한 마디 덧붙였다.

"아, 어디서 빌릴 수 있을걸요? 제가 엄마한테 여쭤볼게요!"

그날 저녁, 영준이의 어머니로부터 전화가 걸려 왔다. 조심스레 운을 뗀 어머니는 완곡하게 거절의 뜻을 전달했다.

"선생님, 신경 써 주셨는데 죄송해요. 저희가 집에 컴퓨터도 없고 노트북도 당장 빌릴 만한 데가 없어서요. 그 토론 수업 참여가 힘들 것 같아 연락드렸어요. 영준이는 하고 싶어 하는데 상황이 어쩔 수가 없어서, 죄송해요."

아이가 토론 수업을 받으면 얼마나 좋아할지, 나보다 훨씬 잘 알고 계실 영준이 어머니가 어떤 마음으로 전화를 걸었는지 감히 헤아릴 수 없었다. 더하면 더했지, 덜하진 않았을 것이다. 일개 담임교사의 바람보다 백배 천배는 더 큰 마음이 부모 마음일 테다. 그럼에도 선생님의 권유를 거절했다며 죄송하다는 말로 운을 떼는 영준이 어머니 모습에 속이 상했다. 그리고 왠지 모르게 억울했다. 여건이 뒷받침되지 않으면, 좋은 기회를 목전에 두고도 강물에 떠내려가는 종이배처럼 바라만 보아야 했다.

갑자기 스무 살 대학 시절의 내 모습이 아른거렸다. 영어 회화를 못하는 게 내 노력 부족 탓이라며 스스로의 마음을 잔뜩 헤집어 놨던 그 과거가 떠올랐다. 이제야 조금씩 알 것 같았다. 진짜 내 노력 부족 탓이 아닐지도 몰랐다. 그저 학창 시절의 나에게는 수능 공부를 비집고 회화를 배울 여력이나, 이렇다 할 기회가 없었을 뿐이다. 과거의 나는 그게 그렇게 억울했는지 책임의 화살을 내 탓으로라도 돌리지 않으면 안 됐었나 보다. 하지만 영준이는 다른 상황이었다. 기회가 너무나 선명하게 눈앞에 다가와 있었다. 생에 기회가 없었다는 현실을 깨닫는 일도 서러운데, 출발선에 다다라 되돌아갈 수밖에 없다는 건 얼마나 더 서글플까. 영준이는 아직 열세 살이었다. 그 설운 마음을 지금부터 겪게 하고 싶지 않았다.

"어머니, 제가 집에 안 쓰는 노트북이 있는데 그거 쓰면 어떨까요? 영준이 이거 해 보면 정말 큰 도움이 될 거예요. 제가 영준이한테 노트북 어떻게 쓰는지 가르쳐 줄 테니 부담 갖지 마시고 시켜 주세요."

집에 안 쓰는 노트북은 없었고, 그냥 내가 쓰던 오래된 노트북은 있었다. 어린 날의 치기였는지도 모르겠다. 누구는 꼭 그렇게까지 할 필요가 있냐고, 좋지 못한 선례를 남기는 건 아니냐며 비난할지도 모르겠다. 요즘 같은 세상에서 참 주제넘은 일이었을까도 싶다. 하지만 언제 찾아올지 모르는 이 소중한 기회를 영준이가 힘껏 끌어안게 만들고 싶었다.

집 장롱 구석에 넣어 두었던 노트북 가방을 찾았다. 윈도우 로그인 비밀번호 입력도 번거로울까 싶어 없애 버렸다. 각종 파일과 폴더로 어수선하던 바탕화면도 깨끗이 정리했다. 노트북을 처음 사용해 본다는 영준이에게 전원을 켜고 끄는 법, 와이파이를 연결하는 법, 이어폰을 연결하는 법, 줌에 접속하는 법을 가르쳐 줬다. 아무도 없는 오후의 교실에서 영준이는 내 옆에 꼭 붙어 설명을 들었다. '선생님, 이렇게 하는 거 맞는지 봐 주세요.'라는 말을 반복하는 목소리가 묘하게 신나 있었다.

토론 수업은 일주일에 두 번씩, 총 3주 동안 진행됐다. 일주일쯤 흘렀을까, 잘하고 있나 싶어 지나가는 투로 물어보았다.

"영준아 토론 수업 어때?"

"선생님, 다른 학교 애들 엄청 똑똑한 거 아세요?"

"오, 진짜?"

"네! 애들 진짜 아는 거 엄청 많다니까요?"

우스꽝스럽게 겁먹은 표정을 짓던 영준이가 이내 말했다.

"그래도 되게 재밌어요!"

밝게 웃는 영준이의 모습이 태양처럼 환했다.

모든 수업이 끝난 다음 날, 영준이는 품에 노트북 가방을 꼭 끌어안고 이른 시간에 등교했다. 그리고 책가방을 뒤적거리더니 편의점 인스턴트 커피를 하나 꺼냈다. 대용량 사이즈였다. 커피를 조심스레 교탁 위에 올려놓더니 영준이는 환하게 미소를 지으며 말했다.

"선생님! 여기 노트북 잘 썼어요. 토론 수업 되게 재밌었어요. 중학교 가면 또 해 보고 싶어요. 아, 이거 커피는 엄마가 노트북 빌려주셔서 감사하다고, 가져다드리래요."

고작 3주가 지났을 뿐인데 영준이의 키가 그새 훌쩍 큰 것처럼 느껴졌다. 열세 살 영준이에게 새로운 세상이 한 꺼풀 더 열렸을까, 그랬다면 좋을 텐데. 궁금한 마음을 삼키고 노트북 가방을 닫아 정리했다.

기회는 공평하지 않다. 누군가에게는 기회를 얻는 일이 길 가다 돌 하나 줍는 것처럼 쉽고 당연한 일이지만, 다른 누군가에게는 직접 땅을 파서 돌을 골라내야만 하는 어렵고 고단한 일이다. 딱딱한 땅을 파낼 곡괭이라도 있으면 다행이다. 그조차 없다면 기회는 더욱 눈에 보이지 않게 침잠한다.

이 모든 게 환경의 차이임을 뼈저리게 느낀다. 살아오면서, 영준이를 보면서 깨달았다. 아무리 가진 능력이 탁월하고, 열심히 발버둥 친다 한들 개인의 노력으로 극복할 수 없는 영역이 있다. 환경과 여건이 뒷받침해 주어야 하는 영역도 있다. 모든 생애주기에 적용되는 이 날것의 진실을 우리 아이들이 최대한 천천히 깨달

앉으면 좋겠다는 생각은, 아직도 꽃밭을 꿈꾸는 풋내기 교사의 사명감이자 작은 바람이었다.

모두가 황금밭 같은 환경 속에서 살 수는 없는 일이다. 그렇다고 타고난 다름에 서러워 좌절하고 있기엔 세상이 그리 물렁물렁하지도 않을뿐더러 기다려 주지도 않는다. 그렇기에 누군가에게 좀 더 따뜻해지고자 했다. 못 본 셈 치지 않고 손을 내밀고자 했다. 미약하게나마 도움을 줄 수 있는 건 기꺼이 도와주고자 했다.

현재의 대한민국에서 학교라는 공간은 그나마 덜 냉담한 곳이라 믿는다. 교사에 대한 신뢰도, 공교육에 대한 믿음도 점차 사라져 가는 현실이지만 그럼에도 교실 속에서 나는 또 다른 영준이를 꿋꿋이 찾아본다. 혹여 하고 싶은 마음을 꿀꺽 삼키는 아이가 있을까 봐, 환경의 차이를 자신의 탓으로 돌리는 아이가 있을까 봐. 오늘도 자그마한 사명감을 붙잡고 아이들에게 시선을 맞춰 본다.

에필로그

모두 다 꽃이야

늦은 저녁, 헬스장에서 러닝머신을 타고 있었다. 귀에 무선 이어폰을 꽂고 달리기에 어울리는 음악 플레이리스트를 듣는데, 한창 클라이맥스로 올라가던 노래가 갑자기 뚝 끊겼다. 전화였다. 발신인은 '60219 김진서', 내 속을 무척 썩였던 작년 우리 반 아이였다.

일본 신주쿠 거리에 토요코 키즈가 있다면, 대한민국 어느 읍 지역 6학년 교실에는 김진서가 있었다. 진서의 6학년은 비행 청소년으로 거듭나는 발돋움의 시기라고 봐도 과언이 아니었다. 무단결석과 불량한 복장, 고등학생 남자 친구, 담배, 학생 조직까지. RPG 게임에서 캐릭터가 착실히 레벨업을 해 나가듯 진서는 하나씩 하나씩, 단계적으로 물들어 갔다. 나에게 진서는 얌전한 몽돌 사이에 끼어있는 모난 돌이었다. 설익은 경력의 교사는 한 아이의 생을 온전히 이해할 만큼의 포용력도 너그러움도 부족했다. 진서에게 보냈던 숱한 문자와 전화의 흔적은 혹시 모를 사고가 났을 때 돌아올, '담임은 학생이 이렇게 될 때까지 뭘 했나?'라는 공격에 대한 방비책이었을지도 모른다고 고백한다.

다른 이에게 피해 끼치는 것 하나 없이 오로지 자기 파멸적으로 비행을 저지르던 진서의 속사정이 보이기 시작한 건 반년은 지나고부터였다. 그릇된 행동에는 반드시 원인이 있었다. 애정의 결핍이, 따뜻한 가정의 부재가, 최소 조건의 공백이 진서를 울타리 밖으로 자꾸 내몰았다. 이미 포화 상태인 만원 지하철 출입구에서 의지와 상관없이 앞으로 밀리듯, 그렇게 진서는 밀리고 또 밀렸다. 두 발에 단단히 힘을 주어도 떠밀렸다. 시종일관 마음 붙일 곳 하나 없던 그 아이가 선택한 유일한 숨구멍이 집과 학교가 아닌, 추운 바깥의 회색빛 어딘가에 있었다는 것을 나는 뒤늦게 알게 되었다.

조금이라도 사랑받을 수 있는 환경에서 지냈더라면 참 밝고 똑똑하게 자랐을 아이다. 누군가는 숨 쉬듯 당연히 얻을 수 있는 것들이 다른 누군가에게는 너무나 부족해 마음을 뻥 뚫어 버릴 다이너마이트 같은 존재로 탈바꿈했다. 나는 피 한 방울 안 섞인 남에게 어찌 이 정도로 신경을 쓸까 싶을 정도로 애정과 관심을 쏟았다. 진서가 학교로, 아니 집으로만이라도 돌아오게 하려고 최선을 다했다. 그 모든 것이 부질없다는 사실을 깨닫기까지는 그리

오래 걸리지 않았다. 진서와 함께한 지난한 하루하루는 푹 젖은 종이 뭉치처럼 무겁기만 했다. 처음에 애정이었던 것은 미움의 비율이 조금 더 큰 애증이 되었다. 한 아이의 일탈은 초짜 교사의 패기를 처참히 무릎 꿇렸고, 학교와 교직에 질려 신물이 나도록 만들었다. 결국, 피폐해진 마음을 붙잡고 나는 그해를 끝으로 다른 곳으로 도망쳐 나왔다.

그런 진서의 전화를 받을까 말까, 수십 번 고민한 끝에 나는 결국 받지 않기를 선택했다. 여간해선 먼저 전화하지 않았던 진서가 졸업한 후 처음 걸어 온 전화였는데 끝끝내 외면해 버렸다. 무슨 이유가 있었을 텐데, 눈치 없이 치고 올라오는 걱정을 더는 얽히고 싶지 않다는 마음이 강하게 짓눌렀다. 그리고 그 이후로 진서는, 단 한 번도 내게 전화를 걸지 않았다. 지금까지도 말이다. 늦은 후회라는 말이 있던가, 지금은 그 아이의 '119'였을지도 모를 그 전화를 받지 않은 것을 조금은 후회한다.

'아이들' 하면 생각나는 이미지는 무엇인가. 옛날의 나는 5월 5일 어린이날이 떠올랐다. 말갛고 밝은 아이들의 통통한 볼살, 천진난만한 눈빛과 귀여운 행동, 순진한 열정과 설레는 마음이 뒤섞인 운동회, 하하 호호 웃으며 가족들과 보내는 즐거운 시간. 기억을 잔뜩 미화해 놓은 까닭인지도 모르겠다. 교사가 되면 따뜻한 집에서 밥 잘 먹고 사랑받으며 크는 아이들만 만날 줄 알았다. 그런데 웬걸, 너무나 큰 착각이었다. 첫 교직의 문턱을 넘은 나의 앞에 펼쳐진 교실의 모습은 우울했고, 배고팠고, 까마득했고, 슬펐다. 어떤 아이들이 살아가는 세상은 어른들이 살아가는 세상보다 더 가혹했다. '가르침'을 기대하고 교직에 입문했건만, 정작 내 머릿속을 맴도는 질문은 '수업을 어떻게 하면 재미있을까?', '학급을 어떻게 잘 운영할까?'가 아닌 '어떻게 등교시킬까?'와 '누구에게 현장체험학습비를 지원해 줘야 할까?'라는 사실이 참 아이러니했다. 그래도 그때는 젊은 날의 패기가 있었고, 스스로 교사라는 역할에 지대한 의미를 부여했다. 도움이 되지 않을까 하는 과한 자의식을 품고서 할 수 있는 한 최선을 다했지만, 결론적으로 당장 내가 해결할 수 있는 일은 없었다. 교실이라는 수면 위로 떠오른 문제는 잡으려 할수록 더욱 아득해졌고, 간신히 붙잡은 문제조차 이내 내 소관을 벗어나곤 했다. 문제의 밑바닥에는 학교 바깥의 현실이 단단히 자리하고 있었다.

    이런 표현은 참 싫지만, 새로운 곳의 아이들은 참 아이들다웠다. 내가 생각했던 그 전형적인 아이들의 모습과 꼭 닮아 있었다. 표정은 밝았고, 눈망울에는 호기심이 잔뜩 일렁거렸고, 입은 옷과 실내화는 깨끗했다. 학습 능력의 차이는 있어도 웬만큼 기초적인 학습을 할 수 있었고, 잔뜩 싫다는 표정으로 부모님이 보내는 영어나 수학 학원을 다닐지언정 자신이 좋아하는 피아노나 축구도 함께 배울 수 있었다. 아이들이 받는 관심과 사랑에 눈물이 났다. 이 아이들에게는 가끔 되바라진 행동을 하더라도 혼낸 뒤 안아 줄 수 있는, 든든하게 뒤를 지켜 줄 수 있는 어른다운 어른과 따뜻한 집이 있었다.

　새로운 곳에서는 모든 게 완벽했다. 하지만 안락한 기분은 잠시뿐이었다. 어딘가 뜨거운 한증막에 앉아 있는 것처럼 점점 숨이 답답해져 왔다. 편안하고 따뜻한 곳으로 자리를 옮겼음에도 불구하고, 진서를 보면서 느꼈던 출처 모를 억울함이 수그러들기는커녕 활활 불타올랐다. 받아들일 수밖에 없는 현실의 지극히 당연한 불공평함이 분했다. 이전의 아이들은 갖지 못하고 받지 못한 게 정말 많았는데, 이 모든 게 타고난 운이고 팔자라는 현실은 너무 잔인했다.

　『어느 교실의 멜랑콜리아』는 그 마음에서 출발했다. 이야기하고 싶었다. 말하지 않으면 견딜 수 없을 것 같았다. 대한민국의 모든 아이들이 마냥 꽃밭 같은 환경 속에서 사는 것이 아니라고, 타고나길 출발점이 다른 아이들도 있다고, 그럼에도 불구하고 자신이 속한 세상에서 최선을 다하는 아이들이 있다고 말하고 싶었다. 능력 부족이나 노력 부족으로 쉽게 재단해 버리기엔 기회조차 얻지 못하는 아이들이 수없이 많다고, 누구는 쉽게 충족되는 그 경험이 다른 이에게는 결코 당연하지 않은 일이라고 말하고 싶었다. 꿈과 동화 따위가 아닌 우리 주변의 지극히 평범한 아이들에 대해 말하고 싶었다.

　글을 쓰는 내내 이 이야기가 개인적인 토로에 그칠까 싶어 걱정도 됐다. 그래서 더욱 절실하게 '꼭 써야만 하는 이유'를 고민했다. 마음속 응어리를 한 글자 한 글자 토해 내는 것 이상으로, 이 책이 세상에 꼭 나와야만 하는 이유가 무엇일지 수없이 많은 질문을 스스로에게 던졌다. 마지막 장에 도착해서야 비로소 알 것 같다. 결론적으로 나는 아이들이 어떤 모습일지라도 그 자체로 세상에서 환영받길 원한다. 가정환경이 안정적이지 못해도, 경제적 형편이 어려워도, 장애가 있어도, 보통의 기준을 충족하지 못해도 다른 이들에게 존중받기를, 사랑받기를 바란다. 아이들에게는 그럴 권리가 있다.

각자도생(生)도 아닌 각자도사(死)의 시대라는 우스갯소리가 들려 온다. 다른 이의 속사정까지 살피기에는 참 어려운 시대로 들어섰다. 하지만 어떤 역사에서도 결코 홀로 온전히 살아가는 사람은 없었다. 완벽한 존재란 없기에 서로의 짐을 함께 들며 살아가야 한다고, 조금이나마 의지하고 연대하고자 하는 마음이 세상을 이로운 방향으로 굴러가게 할 것이라고 굳건히 믿는 마음으로 글을 썼다. 그런 의미에서 감히 바라건대 여기까지 함께한 독자분들이 어려운 환경에서 삶을 시작하는 아이들에게 조금은 애정 어린 시선을 보내 주시길, 그들의 이야기에 한 번쯤은 귀를 기울여 주시길 소망해 본다.

혹자는 이 글이 '불행 포르노'는 아니냐며 비난할지도 모르겠다. 나는 결코 불행하다고 생각하며 이 이야기를 적지 않았다. 이

것이 불행이라면 아이들의 삶을 부정하는 것일 테다. 내가 마주했던 삶의 이야기들을, 어디에나 있을 그 이야기들을 가감 없이 적은 것이니 부디 보통의 시선에서 이 글이 읽히길 바란다.

태어난 모든 이는 고귀하며 사랑받아 마땅하다. 이 땅에 여행 온 모든 이들이 부디 사랑과 관심으로 가득 찬 유년 시절을 보내길, 두 무릎 꿇지 않고 자신 있게 앞으로 걸어 나가길, 삶 그 자체의 오롯한 행복을 온몸으로 느끼며 살아갈 수 있기를 진심으로 응원한다.

한 권의 책을 출간하는 데 어마어마한 용기가 필요했다. 이 이야기가 세상에 필요하다고 판단해 준 명준성 편집자와 북트리거 출판사에 감사드린다. 첫 책을 이곳에서 출간할 수 있어 영광이다. 내게 교사라는 직업을 선물해 준, 사랑하는 우리 가족에게도 감사드린다. 또, 침착하고 이성적인 남편의 애정 어린 조언이 없었다면 이 글을 완성 짓기 어려웠을 것이다. 나의 첫 독자이자 나의 일을 누구보다 존중해 주는 남편에게도 감사하고 사랑한다는 말을 꼭 전하고 싶다.

마지막으로 이 세상을 함께 살아가는 동료인 독자분들과 우리 아이들에게 하고 싶은 말을 평소 사랑해 마지않는 동요 가사로 대신 말씀드리며 글을 마친다.

산에 피어도 꽃이고

들에 피어도 꽃이고

길가에 피어도 꽃이고

모두 다 꽃이야

아무 데나 피어도

생긴 대로 피어도

이름 없이 피어도

모두 다 꽃이야

봄에 피어도 꽃이고

여름에 피어도 꽃이고

몰래 피어도 꽃이고

모두 다 꽃이야

- 〈모두 다 꽃이야〉, 류형선 작사·작곡, 2013

북트리거 일반 도서

북트리거 청소년 도서

어느 교실의 멜랑콜리아
흔들리는 어린 삶에 곁이 되어 줄 수 있을까

1판 1쇄 발행일 2025년 8월 14일

지은이 박상아
펴낸이 권준구 | 펴낸곳 (주)지학사
편집장 김지영 | 편집 공승현 명준성 원동민
책임편집 명준성 | 디자인 정은경디자인
마케팅 송성만 손정빈 윤술옥 이채영 | 제작 김현정 이진형 강석준 오지형
등록 2017년 2월 9일(제2017-000034호) | 주소 서울시 마포구 신촌로6길 5
전화 02.330.5265 | 팩스 02.3141.4488 | 이메일 booktrigger@naver.com
홈페이지 www.jihak.co.kr/book-trigger | 블로그 blog.naver.com/booktrigger
페이스북 www.facebook.com/booktrigger | 인스타그램 @booktrigger

ISBN 979-11-93378-50-2 03810

* 책값은 뒤표지에 표기되어 있습니다.
* 잘못된 책은 구입하신 곳에서 바꿔 드립니다.
* 이 책의 전부 또는 일부 내용을 재사용하려면 반드시 저작권자의 사전 동의를
  받아야 합니다.
* KOMCA 승인필

북트리거
트리거(trigger)는 '방아쇠, 계기, 유인, 자극'을 뜻합니다.
북트리거는 나와 사물, 이웃과 세상을 바라보는 시선에 신선한 자극을 주는 책을 펴냅니다.